# 27ルール

TSUNA RULE

綱 啓永

27ルール

# CONTENTS

27 RULE

01

KEITO TSUNA

THEME：スーツ作り前編

# 大人の男は…
# スーツは未来を予想して ちょっと大きく作るべし！

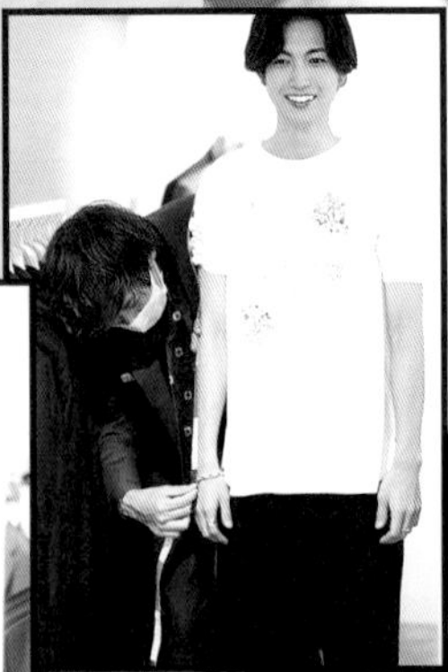

1.人生初のスーツ作りにワクワク。13か所測定すると聞いて「俺の最新のサイズ丸分かりですね！」と

2.次はスラックスのサイズをチェック。「足長に見せたいから少し深めにします」と微調整

3.スタッフさんから「いかり肩ですね」と言われた綱君は「いかり肩って何ですか？」ときょとん

4.いかり肩が悪いことではないと分かりひと安心。測り終え、鏡を見ながら「スーツってなんか盛れますよね？　このまま着て帰りたい」と（笑）

今回人生初のオーダーメイドスーツを作らせていただくことになりました！　まず、採寸では「こんなに細かく測るんだ！」とビックリ。基本的にはどの場所も測定結果を基にお願いしましたが、体を鍛えているので筋肉がついたときのことを考えて肩幅や胸囲は少し大きめに作りました。自分のためだけに作る１点ものなので、できるだけ長い間着られたらいいなと。先々を見越して作る、これがオーダーメイドにおいて大事なことだと思います！　ちなみに足長効果を狙って丈を微調整したのもポイントです（笑）。

27 RULE
**02**
KEITO TSUNA

THEME：スーツ作り後編

# 大人の男は…スーツにこだわりを持つべし！

1.たくさんの生地見本を一つひとつチェック。「大人っぽい色がいいんですよね～」と綱君

今回の生地選びは、僕の優柔不断さが存分に発揮されたと思います(笑)。昔からご飯を食べるときになかなかメニューが決められなかったり、何かを決断するときに悩んでしまうことが多くて。今回は自分のためだけのスーツということで、いつも以上に悩んでしまいました。デザインに関しては表の生地をブラウンネイビーのヘリンボーンにして大人っぽく、裏地をペイズリー柄にして遊び心を取り入れたところがポイントです。名前の刺しゅうの入れ方やボタンの種類まで選べると知ってさらに悩んでしまいましたが、時間をかけて悩んだ分絶対にいい仕上がりになっていると思います！　友達の結婚式などハッピーな場所に着ていきたいです！

2.悩みに悩む姿を見たスタッフから「優柔不断ですか？」と聞かれると「バレました？」とこの表情

3.裏地も種類豊富。「ネイビーだけでこんなにあるの!?」と驚き、再び頭を抱えることに…

4.終了時間が近づき、裏地とボタンは駆け足でセレクト。仕上がりをお楽しみに！

27 RULE … 03 KEITO TSUNA

THEME：料理前編

# 大人の男は…玉ねぎを2～3分かけてじっくり炒めるべし！

僕はこれまで料理経験がほとんどなくて。小さいころに母親の手伝いで調味料を混ぜたり、お肉を焼いたりする程度でした。パエリアはすごく難易度の高いメニューだと思っていたので、僕でも作れるのか心配でしたが、やってみるといろんな工程があってすごく楽しかったです。パエリアを作る中でのポイントは“玉ねぎをじっくり炒めること”だそうで。色が変わるまで焦らず炒め続けることがおいしさにつながるのかなと思いました。友達が家に遊びに来たときに「ちょっとつまみ作ってくるわ～」と言ってパエリアを出せたらカッコいいですよね？（笑）　先生にもセンスがあると褒めていただいたので、今回の企画を機に料理男子を目指してみようかな～と思いました！

**1.** まずは具材となる玉ねぎのみじん切りから。指を切らないよう“猫の手”にする綱君

**2.**「これは何で入れるんですか？」「この道具はいつ使いますか？」などと積極的に質問も

**3.**「ニンニクのいい香りがしてきた！」とテンションアップ。ヘラの使い方もばっちり

**4.** 貝などを盛り付け、彩り豊かなパエリアが完成！「うまそう！　早く食べたい」と

27 RULE
04
KEITO TSUNA

THEME：料理後編

# 大人の男は…
# 自分のセンスを信じて盛り付けるべし！

1.顔を作ろうとしていた綱君ですが、先生からツッコまれ照れ笑い

2.アドバイスを基に「バランスが難しい」と熟考。集中しすぎて口がとがり気味に…

3.ブルーベリーやミントも乗せて完成！「これが"映え"ですよね？」とにっこり

4.実は合間にキウイをつまみ食いしていた綱君（笑）。撮影後はパエリアももぐもぐ

今回はデザート編ということで、パンナコッタの盛り付けに挑戦しました！　前回のパエリア同様、料理経験ほぼゼロの僕にとってはどう盛り付けたらいいのすら分からず…。最初はパンナコッタの白い部分を肌、飾り付け用のブルーベリーを目に見立てて顔を作ろうと思っていたくらいでした（笑）。ソースも使い方が分からず、そのままにしていて…。でも先生からアドバイスを頂きつつ、自分なりに盛り付けてみたら思ったよりも華やかでいい感じになったような気がします！　僕のセンス、いかがでしょうか!?

27 RULE

# 05

KEITO TSUNA

THEME：書道

# 大人の男は…ひと筆で突き進むべし！

さて、今回はもうすぐお正月ということで、着物に着替えて書道に挑戦しました。普段台本に書き込んだり、アンケートに答えたりとペンで文字を書く機会はあるのですが、筆を使うのは久しぶり。小学校の宿題でやった書き初め以来かもしれません(笑)。当時は父から厳しく指導されて、泣きながら書いていたことを思い出しました(笑)。でもそのおかげで高学年のときに学年一位になったこともあって。書き始めて5分くらいでそんな昔の懐かしい記憶がぶわっとよみがえりました。今回「花」を選んだ理由は、ドラマ『君の花になる』のタイトルや、家族の名前に「花」がついていたりと、僕にとって何かと縁のある漢字だからです。何回か練習を重ねてから、作品として残すために本番では直接色紙に書くことになり、ほんの少しだけ緊張しました(笑)。慎重すぎるとにじんでしまうし、文字がブレてしまうので、思い切って一気に書いたところがポイント。最後のはらいがうまくいかず悔しかったのですが、心を込めて書いたので仕上がりは100点中90点です！

1.持ち方は人差し指だけ筆にかける単鉤法をチョイス。止め、はらいなど書き方のポイントを丁寧に教わります

2.集中して練習すること約30分。先生から「すごくきれいですね」と褒められにっこり

3.先生のお手本を見ながら「何でこんなにうまく書けるの？あ、上手だから先生なのか…」と自問自答していた綱君（笑）

4.本番では色紙に書くことに。一発本番と聞いて「うわ、緊張してきた！」とこの表情

5.実は本番用に名前の練習も。悩んだ末にスタンプを選んだ綱君ですが、こんなにきれいに書けていました

27 RULE 06 KEITO TSUNA

THEME：茶道

# 大人の男は… 美しく生きるべし！

茶道は今日が人生初でした。テレビでお茶を点てるシーンを見たことはありましたが、実際にやってみると想像していた以上に動きが細かくて。とても繊細な印象を受けました。お辞儀一つとっても種類がいくつかあったり、お茶を飲むときに添える手が決まっていたりと、実際に体験したからこそ知れたことがたくさんあって楽しかったです。

一連の流れを教えていただく中で、先生の所作は本当に美しくて思わず見とれてしまうほどでした。僕は正座が苦手でひそかに足のしびれと戦っていましたし、背筋を伸ばしていてもどこかポージングが決まらず、画になっているのか不安でしたが、先生はいつどこを切り取っても様になっていて。それはきっと、茶道の時間以外でも日ごろから丁寧な所作を意識されていて、しっかりと自分のものにしているからなんだろうなと思ったんです。所作を通して視線で人を惹きつけられるのも大人ならでは。今日学んだことの中には姿勢やお辞儀の角度など普段から生かせる部分もあると思うので、僕も日常生活に取り入れて、より魅力的な大人の男を目指したいです。

1.うなずいたり質問したりしながら、先生の説明を真剣なまなざしで聞く綱君

2.まずは和菓子をパクリ。「上品な味。おばあちゃんの家にありそうな懐かしい感じ…」と独特な食レポを

3.お茶の味に「思ってたより甘い！」と驚き、まさかの一気飲み（笑）

4.亭主側も体験し、初めて点てたお茶は仲良しのメークさんへ。「どう？ おいしい？」と感想を求めていました

5.撮影後「あっという間だった」と綱君。余裕そうな表情ですが、実は足のしびれと戦っていたようです（笑）

27 RULE … 07 KEITO TSUNA

THEME：セルフシャッター

# 大人の男は…自分の見せ方を把握して常に磨いていくべし！

一人でセルフシャッターをしたのは、今回が初めてです。プライベートでも仲のいい兵頭功海君がやっていたのを見て、僕もいつか一人で撮ってみたいと思っていました。以前８ＬＯＯＭで撮影したときは、７人いる中で自分の動ける範囲が決まっていた分、難しいとは感じなくて。でも一人で自由に動けるようになったとたん、急にハードルが上がったような気がしました（笑）。今回は対称的な２つのセットだったので、表情や動きも正反対にしたのがポイントです。撮影中、スタッフさんにたくさん褒めていただきましたが、普段から自分の見せ方や周りにどう見られているかを意識しているので、もしかするとそれが生きていたのかなと思います。お芝居も同じですが、中途半端にやるのではなく、まずは一度振り切ってやってみてからベストを追求するようにしていて。そうすることで自分がカッコよく見える角度や、求められているものが分かってくるんじゃないかなと思うんです。最近インスタのストーリーで自撮りをアップしているのも、自撮りに慣れていきたいと思っているから。とはいえまだまだ苦手ですが、皆さんの反響次第で更新頻度が少しずつ増えていく…かもしれません（笑）。

27 RULE

# 08

KEITO TSUNA

**THEME：メッセージカード作り**

## 大人の男は…
## 時候のあいさつをきちんとすべし！

**1.**「書きたいことがありすぎる！　このカード一枚に収まるかな〜」と悩む綱君

**2.**「集中しすぎてカメラの存在忘れてた…」と言うほど真剣に書いていました

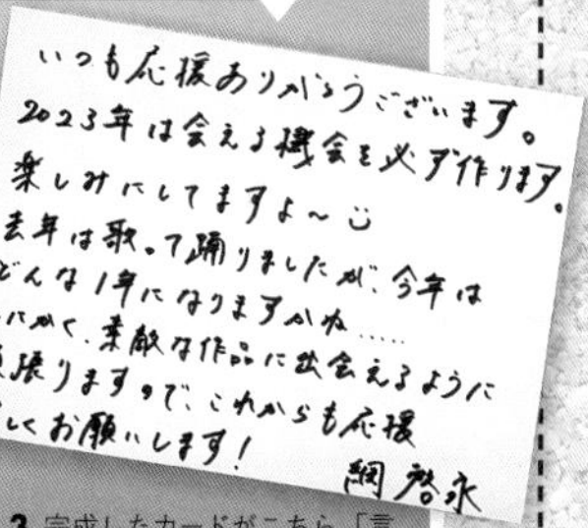

いつも応援ありがとうございます。
2023年は会える機会を必ず作ります。
楽しみにしてますよ〜☺
去年は歌って踊りましたが、今年は
どんな1年になりますかね……
とにかく、素敵な作品に出会えるように
頑張りますので、これからも応援
宜しくお願いします！
綱啓永

**3.**完成したカードがこちら。「言いたいこと全部詰め込みました！」とのこと

今回はファンの方々に向けた思いを書いてみました。ありがたいことに、普段ファンレターを頂く機会が多くて。読んでいると自然と元気がもらえるので、直筆の文章からもらえるパワーはとてつもなく大きいなと感じます。もちろんSNS上で頂く言葉もうれしいのですが、手紙は一人ひとり文字や書き方が違ってそれぞれのこだわりが感じられますし、僕のために時間を使って書いてくれたんだと思うと胸がいっぱいになるんです。中でも特に印象に残っているのは「綱君の笑顔を見ると、私も笑顔で頑張れます！」という言葉。僕は〝一人でも多くの方を笑顔にしたい〟という気持ちでお仕事をしているので、その言葉をもらったときは気持ちが伝わったんだなと実感できました。このメッセージカードはいつも頂くファンレターのお返事として書いたので、皆さん受け取ってくださいね！　個人的にはお世話になった監督やプロデューサーさんにお手紙を書かせていただくことがあるのですが、今回のように過去の思い出や感謝の気持ちに加えて、時候のあいさつを添えられたら大人の男としてもっとすてきな文章が書けるんじゃないかなと思っていて。覚えておいて損はないと思いますし、最低限知っておきたいなと。でも、まず僕は〝直筆〟を〝じきじつ〟ではなく〝じきひつ〟と迷わず言えるようになるところから始めます…（笑）。

27 RULE … 09

KEITO TSUNA

# 大人の男は…手首の返しを大切にすべし！

THEME：フレアバーテンディング

フレアバーテンディングは、実際に見るのも挑戦するのも今回が初めて。最初に先生のデモンストレーションを拝見したのですが、ダイナミックなパフォーマンスに圧倒されてしまい「これは初心者の僕には無理かもしれない…」と思ってしまいました。でも、やるからにはできるようになりたい！　と練習を重ねていたら、だんだんと形になってきて。自分でもやりながら手応えを感じることができましたし、先生からも「筋がいい！」と褒めていただけて、持ち前の器用さが発揮できたのかな？　と思いました。繰り返し練習する中で気が付いたのは、フレアバーテンディングは手首の返しが重要だということ。どの技でも必ず手首を使いますし、柔軟に動かせず可動域が狭くなってしまうと成功率が上がらないんじゃないかなと思ったんです。ちなみに僕は器用さも影響しているかもしれませんが、普段から何気なくボトルフリップをしていたおかげで自然と手首が鍛えられていたのかもしれません（笑）。とはいえ、どの技も難しくて難易度の高いものばかり。特に投げたボトルをカップに入れる技はコツをつかむまでに時間がかかりましたし、悔しくて終始叫びながら練習していました（笑）。その分、成功したときは思わずガッツポーズをしてしまうほどうれしかったです！　いつかふとしたときにサラッとできるくらいになって、周囲の人を驚かせてみたいです。

1. まずは計量から。ボトルを逆さにしてカウントしながら、一度に注げる量の感覚をつかんでいきます

2. 別の容器に移し替えて、正しい量になっているのか確認。なんとほぼぴったりでした！

3. 続いて手の甲にボトルを置く〝バランス〟という技に挑戦。ここまでは順調だった綱君ですが…

4. 手の甲に置いたボトルを空中で一回転させることになり、高難易度の技に苦戦

5. しかし、練習を重ね見事成功！「よっしゃー！」と喜んでいました

6. 本番では一連の流れを全て一人で。無事に7つのグラスにカクテルを注ぎ切った綱君はホッとした表情

27 RULE 10 KEITO TSUNA

THEME：カクテル作り

# 大人の男は…スピーディーにこなすべし！

1. まずは基本となるシェイカーの振り方から。先生から教わるときの表情は真剣そのもの

2. 「脇を締めて振るとカッコいいですよ」というアドバイスを受けて、繰り返し練習。途中「う、腕が疲れてきた…」と綱君

カクテル作りはシェイカーをリズミカルに振るのがポイントだと教えていただいたのですが、実際にやってみると想像以上に難しかったです。手首のスナップを利かせながら徐々に動きのスピードを上げていって、最後の仕上げにかけてスピードを落としていくというテンポ感をつかむまでが大変でした。でもこの動きがスムーズにできるかどうかでお客様からの見え方も変わってきますし、そつなくスピーディーにこなすことでさまになると思うので、とても大切なことなんだなと思いました。

僕はどちらかと言うとお酒そのものというよりもお酒の場が好きで。日ごろから友人とたしなむ機会はあるのですが、作るのは初めてだったので〝これとこれが混ざるとこういう味になるんだ！〟〝こうやると色が付くのか！〟などといった新しい発見がたくさんありました。普段飲むのはオシャレなカクテルよりも、生ビールが多いです。「何にする？」と聞かれたときに「生で！」と答えるのに憧れて、二年くらい飲み続けていたらいつの間にか慣れました（笑）。でも二杯目からはレモンサワーなど飲みやすいものに変えて、ほどほどに楽しんでいます。今日作ったカクテルはレモネード風味の爽やかな味で飲みやすくておいしかったです。もしこのカクテルに名前を付けるとしたら…「ブルーレモネードサンシャイン'27」。僕にゆかりのある色の青を強調したかったので、ブルーは絶対に入れたくて。27は綱ではなく、カッコよく〝トゥエンティセブン〟と読んでください！　サンシャインは思いつきで取り入れたのですが、何だか本当にありそうな名前ですよね（笑）。

3. 前回教わった計量方法を生かしつつ、実際にリキュールを使ってカクテル作りスタート。手際もばっちり

3. 随所にボトルを投げるパフォーマンスも取り入れ、スタッフからは「すごい！」の声が

5. 出来上がったカクテルを見て「俺の色だ！」と喜んでいた綱君。「超飲みやすい！」と早々に飲み干していました

27 RULE 11 KEITO TSUNA

THEME：シルバーリング作り

# 大人の男は…
# 自分のロマンを追うべし！

1. まずはサンプルを使ってサイズを測定。「抜けなくなっちゃった！」とおちゃめな綱君（笑）

2. 続いて自分のサイズに合わせて成型作業へ。意外と力が必要だったようで「難しい…！」と苦戦

3. 平均より指が細い綱君は、6・5号くらいがジャストということで木槌を使って微調整

4. 成形後は先生からのアドバイスを受けながら磨きに挑戦。真剣です

5. 先生に仕上げていただいている間、いろんなポーズをするサービス精神旺盛な一面も♪

6. 指を見て「いつの間にか黒くなってた！」とびっくり。完成品を受け取った後は、とてもうれしそうでした

僕は公私共にアクセサリーを身に着ける機会が多くて。中でも、シルバーアクセサリーが大好きなんです。よくファンの方からも「綱君はシルバーアクセサリーを付けているイメージがある」と言われることが多いので、僕と言えば…という質問で連想されるものの一つだと思います。ちょうど最近、ピンキーリングを探していたこともあって、今回自分で一から作れると知ってとても楽しみでした。実際に体験してみて感じたのは、全ての作業が繊細であるということ。特に磨きに関しては僕が手を付けた瞬間、表面が荒く削れてしまって。「すみません…！」と慌てて店員さんにお返ししました（笑）。ほんの一瞬の出来事でしたが、きっと力加減や機械を当てる角度などによってすぐに変化してしまうんだろうなと。結果的にほぼほぼお任せする形になってしまいましたが、きれいに仕上げていただいたので仕上がりは100点。裏に「27」という刻印も入れていただいて、お気に入りのアイテムの一つになりました。僕が〝よく着けるアクセサリー〟のスタメン入り決定です！

　そういえば、最近友達と「アクセサリーにお金をかけるのは、男のロマンだよね」という話になって。彼は僕以上にアクセサリーが好きで、理想のアイテムを探し求めて何店舗も回ったりするそうなんですが、自分が好きな物に対してそれだけの熱量とこだわりを持てるのってすごいなと。周りの目を気にせず、好きな物を好きなだけ追い求めて愛していく姿そのものがカッコいいし、その過程でお気に入りのアイテムを見つけられたら本望ですよね。僕も大好きなアクセサリーを通して、自分のロマンを追いかけていきたいです！

27 RULE … 12 KEITO TSUNA

THEME：ブーケ作り

# 大人の男は…女性に花を渡すべし！

**1.** ケースに並んだ色とりどりの花を前に「こんなにいろんな種類があるのか…」と悩む綱君

**2.** 水色のデルフィニウムやピンクのカーネーションをチョイス。「どうやってまとめたらいいの？」とあたふた

**3.** 一本ずつらせん階段状にしていくことで解決。バランスを考えながらまとめていきます

**4.** 輪ゴムで止めて形を整えると「それっぽくなってきた！」と手応えを感じている様子

**5.** 最後にグリーンを使って飾りを作ることに。葉を曲げてからホチキスで止めるのですが「曲げるのが難しい」と苦戦

**6.** しかしコツをつかんでからはあっという間。「かわいい！」とにっこり

これはあくまで僕の持論なのですが、女性は男性の想像以上にお花が好きなんじゃないかなと思うんです。よくドラマがクランクアップしたタイミングでお花を頂くことが多くて。共演した女優さんたちが「わぁ～！」とうれしそうに笑っている姿を見ると、きっと女性のほうが〝美〟に対する興味関心が強いからこそ、きれいなお花をもらうことへの喜びも倍になるのかなと思って。僕はまだ誰かにお花をプレゼントした経験がないのですが、もしいつか恋人が出来たら記念日やホワイトデーのお返しとして渡してみたいという理想はあります。バレンタインに女の子からもらったチョコのお返しが一輪の花だったら、何だかオシャレじゃないですか？　花を渡すのは照れくさいと感じる男性もいるかもしれませんが、相手のことを思いながら選んだお花を渡すシチュエーションはとてもすてきだなと思います。

今回の撮影でも、きれいなお花がたくさんあって、選ぶときに思わず目移りしてしまうほどでした。テーマはあえて決めずに、とにかくかわいいと思ったお花をたくさん入れるようにして。大好きなバラを中心に置いたところがポイントです。ただ、いろんな種類を入れようと欲張りすぎたのか、バランスのとり方が難しくて。〝らせん階段状に包んでいくときれいに仕上がる〟という店員さんのアドバイスを基にやってみたら、とてもスムーズに作ることができたんです。意識する点を変えるだけでこんなにも変わるんだ、と驚きました。思った以上にきれいに仕上がったので、ブーケは大切に持ち帰って飾りたいと思います。

27 RULE
13
KEITO TSUNA

THEME：調香体験

# 大人の男は…マナーを意識して恋に繋げるべし！

1.「まずこちらがカスミソウの香料ですね～」とYouTuberふうに紹介してくれる綱君（笑）

2.店員さんがセレクトした香料の中から、一つずつじっくりと嗅いで好みをチェック

3.数を絞っていく中で苦手なハチミツの香りを発見。恐る恐る嗅いでみるも「やっぱりダメだ～」とこの表情

4.選んだ香料をメスシリンダーに入れていく作業では「実験してるみたい！」とワクワク

5.全て混ぜたら一度仕上がりを確認。より好みの香りにするために紅茶を追加していました

6.完成後「めっちゃいい匂い！」とニコニコ。スタッフに「嗅いでみて！」と薦める綱君

香りはいい意味でも悪い意味でも記憶に残りますよね。僕はもともと香水があまり得意な方ではなかったのですが、お仕事などでいろんな人と接するようになってから、香りはその人を印象付ける大切な要素の一つだなと思うようになって。僕自身もファンの皆さんやお仕事でお会いする方々などに少しでもいい印象を残せたらいいなと思い、普段から爽やかな香りの香水を使っています。中でも特にお気に入りなのは、SHIROのホワイトリリーです！

女性からいい香りがしたときに男性がドキッとしたり、「お！」と思うことがあるように、その逆もあると思っていて。付ける量や場所など最低限のマナーを守っていれば自分にとって必ずプラスになりますし、香りから始まる恋もあるんじゃないかなと。僕はまだ香水を付け始めて2～3年なので、これからも自分らしい香りを追求しながら楽しんでいきたいなと思っています。

そういった意味では、今回の調香体験は自分の本当に好きな香りを探すのにぴったりの企画でした。最初に「甘すぎない、爽やかな香りが好きです」とお伝えしたところ、店員さんがたくさんの香料の中から瞬時に選別してくださって。ざっくりとした伝え方だったにもかかわらず僕好みの香りをチョイスしてくださったのも驚きましたし、その中から一つずつ嗅いでさらに絞っていく過程も新鮮で楽しかったです。完成した香水に名前を付けるなら「フラワーフェスティバル」！　カスミソウやチェリーブロッサムなど花の香りを多く使っているので、この名前にしました。万人受けする、いい香りになったと思います！

## 『フラワーフェスティバル』

トップノート …スノーツリー

ミドルノート …カスミソウ、グリーンティー、チェリーブロッサム。バイオレット、ベルガモットティー、ホワイトジンジャー、紅茶

ラストノート …タバコリーフ

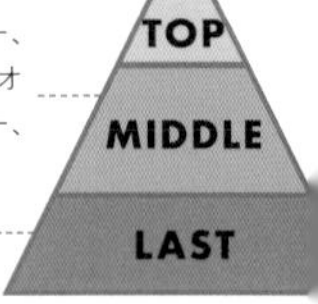

27 RULE 14 KEITO TSUNA

THEME：学力テスト

# 大人の男は…何事も楽しむべし！

今回久しぶりにいろんなジャンルの問題を解いてみて、学生時代に戻ったかのような懐かしさもあり、とても楽しかったです。当初は数問だけ解く予定だったのですが、楽しすぎて「全部答えたいので、用意していただいた分出してください！」とお願いしたほどでした（笑）。僕は昔から勉強があまり得意な方ではなかったんです。でも、こうして楽しみながら取り組むと時間が過ぎるのがあっという間で。〝楽しい〟と思いながらやるって、とても大事なことだなと思いました。これは勉強だけでなく、仕事や部活など何事にも言えることですよね。ちなみに僕の得意科目は英語と数学。先ほど解いた中にも「12か月を英語で書くと？」という問題があり、ここだけはスラスラ解くことができました。普段家で家族と一緒にクイズ番組を見ているときは「これ分かる！」「この答え、○○じゃない？」などと言い合いながら解くこともあるんですが、英語と数学の問題だけは正解率が高いんです。でも苦手な国語になると途端にできなくなって…。最終問題として出題された〝綱〟の画数がバッチリだったのは、自分の漢字は丁寧に書きたいという思いで小さいころから覚えていたからです（笑）。いつか回答者として『Qさま!!』などのクイズ番組にも出演してみたい気持ちもあります。いざそうなったら、緊張で珍回答をしてしまいそうでちょっと怖いですが…（笑）。それまでにイメトレが必要ですね！

Q「かわいい子には○をさせよ」。○に入る言葉は？

A 逆

（正解は…旅）

全然自信ない…（笑）

**1.**「一文字も思いつかないから勘で…」と綱君。正解を聞いて「聞いたことあった！」と悔しそうな表情に

Q「目は○ほどに物を言う」○に入る言葉は？

A 目は言葉ほどの強い力がある

（正解は…目は口ほどに物を言う）

それっぽい

**2.** 語尾を自己流にアレンジして回答（笑）。「目には言葉くらい伝える力があるから」という理由でしたが、意味は近いような…

Q「優れた才能と美しい容姿の両方を持っていること」を四字熟語で何と言う？

A 容姿談訛

（正解は…才色兼備）

**3.**「容姿端麗だ！」と即答。しかし不正解だと知り「答えも違うし、誤字もひどい（笑）」と苦笑い

Q 月~12月までを英語で書くと？

A 8問正解！

**4.** 英語が得意というだけあってスムーズ。1月と7月はニアミスでしたが、読みもバッチリでした◎

Q「綱」の画数は？

A 14画

（正解は…14画）

**5.** 最後は綱君にまつわる問題をと思い、画数を出題したところ「余裕すぎる！」と見事正解

27 RULE … 15
KEITO TSUNA

THEME：たらし込みアート

# 大人の男は…唯一無二になるべし！

1.まずは好きな色の絵の具を5色チョイス。「青は絶対に使いたい」と迷わず手に取っていました

2.使う分だけコップに移していく作業では、少し力が必要だったようで「んー！」と口がとがり気味に

3.絵の具で衣装を汚さないか、終始心配そうに見守るスタイリストさんの姿に爆笑する綱君(笑)

4.絵の具を出し終えたら、5色をよく混ぜて色味を調整。「どうなるか分からなくなってきた！」とドキドキ

5.そしていよいよ絵の具を垂らす工程へ！垂らし終えたら、まんべんなく行き渡るようにキャンバスを傾けます

6.仕上げにバーナーで炙ったり、アレンジを加えて完成！「超オシャレにできた気がする！」と喜んでいました

今回の企画内容を聞いて「たらし込みアート って何だ…？」とずっと気になっていて。始まる前からすごくワクワクしていたんです。プライベートでも自ら進んでこういった体験をすることがないので、とても貴重な時間でした。最初に絵の具を選ぶのはわりと即決で。好きな色でもある青、黄、紫を中心に、差し色としてピンクを入れて、最後に先生に薦めていただいたシルバーを追加しました。中でも、垂らした絵の具を傾けながら調整するところが特に楽しくて。キャンバスの端からだんだんと絵の具が垂れてきて、指先がちょっとひやっとする感じが「あぁ、今アートしてるな〜」と思えて、まるでアーティストになったような気分でした（笑）。仕上がりが予想できない分どうなるか心配でしたが、色もきれいに混ざりましたし、絵の具を筆で数滴飛ばしたり、バーナーで炙ったりするアレンジもうまくいったので、仕上がりは 270 点！ …27（綱）だけに（笑）。

たらし込みアートは絵の具のさじ加減やキャンバスの傾け方によっても仕上がりが変わってくるので、まさに唯一無二ですよね。２度と同じ作品が作れない、誰にもまねできないという意味でも深いなと感じました。それと同じように、僕たちも一人ひとりの良さがあって唯一無二になれる素質があると思うんです。特にこの業界にはたくさんの魅力的な俳優さんがいて、僕と雰囲気などが近い方もいらっしゃると思います。そんな中でも“綱啓永らしさ”を追求して、唯一無二の存在になれたらいいなと思っています。

27 RULE

16

KEITO TSUNA

THEME：一人の時間

# 大人の男は…1人の時間を大切にすべし！

1.ピントが合うようにと熱々のから揚げを持ち上げてくれた綱君（このあと箸で食べてます）

2.「うま～！」とピザをもぐもぐ。おなかが空いていたようで、たくさん食べていました

.男性スタッフと黒ひげ危機一で対決することに。「負けませ！」と何だか余裕そう

4.「迷わず行った方がいいから」とためらわずに剣を刺していく綱君。ここまではいい勝負？

5.しかし油断した瞬間、黒ひげが飛び「うわ！」と声を出して驚くナイスリアクション（笑）

6.食べて遊んだ後はソファでひと休み。そして撮影後はそのまま夢の中へ…。静かにすやすや寝ていました

実は僕、1日の中で1人で過ごす時間がほとんどないんです。というのも、寂しがり屋でなるべく友達と一緒にいたいタイプなので、自分から遊びや食事に誘って出掛けていることが多くて。“一人きりの時間は何してる？”と聞かれてパッと思いついたのは、寝て起きたときと、お風呂、トイレくらいでした（笑）。休みの日に一人でふらっとどこかに出掛けたりすることも滅多にありません。でも、あらためて思い返してみると今回の撮影に近いシチュエーションで過ごすことは時々あって。僕は料理が苦手で朝食兼昼食は出前を取って食べることが多いんですが、頼んだ料理を食べながら好きなＹｏｕＴｕｂｅｒさんの動画を見ているときは何も考えなくていい至福の時間です。あとお風呂に入っているときと、入浴後にスキンケアをする時間も好きで。お風呂に入ること自体は面倒くさくてあまり好きじゃないんですが（笑）、入ってしまえば心身ともにすっきりして気分転換にもなるし。スキンケアも今肌がきれいな自信があるので、これからも維持していきたいなと思い毎日続けるようにしています。

そう考えると「リフレッシュするためにこれをしよう！」と決めなくても、無意識のうちに一人の時間が作れていて、自然と気分転換をしたり、自分を見つめ直す機会が作れているんですよね。僕は友達との時間も大切にしたいのでトータルで考えると少ないかもしれないですが、限られているからこそ大事にしていきたいなと思っています。

27 RULE
…
# 17
KEITO TSUNA

THEME：ウエイトトレーニング

## 大人の男は…ジムに通うべし！

1.まずは準備運動。ふくらはぎを伸ばすストレッチでは「気持ちいい」と笑顔

2.しかし、普段使わない筋肉を動かしたせいか「ヤバい、しんどい…」と

3.続いてチェストプレスへ。試しに最大の１４５kgに挑戦するも、ピクリとも動かず…

4.35kgに設定を変え、10回上げ下げ。８回目から歯を食いしばり、ややつらそうに…

5.背中全体を鍛えるラット・プルダウンにも挑戦。終始真剣です

6.ラストはベンチプレス。「
めてもらっちゃ困りますよ！　余
裕です」と35kgに挑むが…？

7.持ち上げられたものの、
りの重さにダウン!?　し
言で目を閉じながら休憩（

8.お疲れかと思いきや「全
れてないですよ！」とマシン
ら下がるおちゃめな一面も♪

今回のウエイトトレーニングでは、チェストプレス、ラット・プルダウン、ベンチプレスの３種目に挑戦しました。ジム自体は、ドラマ『君の花になる』の撮影前に体力づくりも兼ねて通っていたことがあるのですが、撮影が始まってからは定期的に通うことが難しくなってしまって結局続かなかったんです。マシンを使うのも久しぶりで、チェストプレスに座ったときは少し懐かしく感じました。当時通っていたときは重量を55kgにしても余裕だったんです。でも、さっき先生から「何kgにしますか？」と聞かれて、昔の感覚でいけるだろうと思っていたら全くできなくなっていて（笑）。35kgに設定したのですが、正直きつかったです…。自分の体力の衰えを感じて少しショックでした。それもそのはず、普段家でも自主的なトレーニングは一切していなくて。筋肉もないですし、自慢できる体のパーツを聞かれても思いつきませんでした。ただ「腕の血管が好き」と言ってくださるファンの方が多いので、そこは自信を持ってもいいのかなと思っています。理想の体形は田中圭さん。ムキムキすぎず、程よくがっしりとされていて、同性の僕から見ても魅力的なんですよね。田中さんのようなカッコいい体になるためにはもちろん、健康面を考えてもジムに通うことは大事だと思うので今回の格言はストレートに！　若いうちから運動をしておいた方が年齢を重ねたときにも元気でいられると思いますし、僕自身も今回あらためてトレーニングの大切さを実感しました。まずは早速、胸筋を鍛えるために パンプアップから始めようと思います！

27 RULE
18
KEITO TSUNA

THEME：エクササイズ

# 大人の男は…太極拳を覚えるべし！

前回に引き続き、ジム編となる今回は「MOVE BODY CONDITION」というエクササイズに挑戦しました！ ヨガやピラティス、太極拳などの動きを取り入れたプログラムで、どちらかというとスローな動きが多かったのですが、体全体を使っている感覚があって、思っていた以上にしっかり汗をかきました。これまでヨガやピラティスをやったことのない僕にとっては初めての動きばかりだったので、最初は先生の見よう見まねで必死についていって。何事も覚えは早い方なので、わりとすぐに形になったんじゃないかなと思います。先生からも「初めてでここまでスムーズにできる方はめったにいません」と褒めていただけて、とてもうれしかったです。ただ、空気椅子のようなポーズをとる場面では、バランス感覚が足りず足がぷるぷるしてしまって思うようにできなかったのが心残りでした（笑）。舞台「タンブリング」で新体操をやっていたので、当時の経験を生かしてもう少しうまくできると思ったのですが…。

数ある要素の中で、特に楽しかったのは太極拳です。1つひとつの動きもカッコいいですし、血流が良くなったりストレス解消にもなったりと健康にもいいことがたくさんあるそうで。若い方からお年寄りまで、幅広い世代の方がやられていると聞いて納得しました。僕も先ほどウエイトトレーニングを終えてからこのプログラムをやったのですが、ほどよく筋肉がほぐれてリラックスできました。お薦めです！

1.まずは体を温めるため、ストレッチからスタート。「ふぅ～」と言いながら大きく深呼吸

2.先生の動きをまねしながら、指先までしっかりと伸ばす綱君。「姿勢がきれい」と褒められていました

3.ヨガの動きでは、膝を曲げたままつま先立ちに挑戦するも「難しい～」と苦戦

4.普段使わない筋肉を動かすことで血流が良くなったからか「見てください！ 珍しく汗が」と

5.続けて太極拳の動きも。片足立ちが苦手なようで、鏡に映る姿を見て「なんか変(笑)」と苦笑い

6.激しい動きはないものの、慣れない動きが多

7.太極拳の中で特に気に入っていたポーズがこちら。カメラ目線もバッチリ♪

OFF SHOT

8.倒立をする先生に感化され（!?）、突如逆立ちを披露。きれいに決まっていました

9.撮影の前後はスラックラインに夢中！ 渡り切れるまで何度もチャレンジ

27 RULE 19 KEITO TSUNA

THEME：ギターレッスン

# 大人の男は…アルペジオを習得するべし！

**1.** 当初はコードを習う予定が、スタッフのムチャ振りで「Melody」に挑戦

**2.** 曲を耳コピしてすぐに弾く先生に「すごすぎて言葉が出ない！」と綱君

**3.** 練習時間はわずか30分。しかし経験者かつ覚えが早い綱君は、10分ほどでさわりが弾けるように

**4.** 「スムーズに弾くのが難しい」と苦戦。歌詞のとおり、メロディを口ずさみながらひたすら練習！

**5.** 「ファンのみんなに聴かせられるくらいになりたい」と時間いっぱい弾き続けていました

高校一年生のときにギターに興味があって、軽音楽部に入部したんですが、2～3か月でやめてしまったんですが、コロナ禍で友達がギターを始めている姿を見て、僕も久しぶりに弾きたくなって。楽譜を読んで軽く弾くくらいはできたので、一時期は家で好きな曲を弾きながら大熱唱するのがマイブームになっていました（笑）。ドラマ『君の花になる』のオーディションでも、菅田将暉さんの「さよならエレジー」を披露させていただいたくらい、実は僕にとってギターはなじみのある楽器なんです。これまでは独学だったこともあり、今回レッスンでプロの方の演奏を聴きながらギターと向き合えたのは至福のひとときでした。しかも、8LOOMの「Melody」を教えていただいて。最初に先生が耳コピでサビを弾いてくださった瞬間から「すごい！」「カッコいい！」という言葉が止まりませんでした。練習していくうちにだんだんと弾けるようになっていく過程も楽しかったですし、何より自分たちの曲を弾くことができてすごく感慨深い気持ちになりました。アコースティックバージョンならではのエモさもあって、7人でパフォーマンスをしたときとはまた違った良さを感じられた気がします。また、先生が演奏中にさりげなくアルペジオを取り入れていたのもおしゃれで。ただコード演奏をするよりも、アルペジオの方が雰囲気があってすてきでしたし、僕も先生のようにスムーズに弾けるようになりたいと思いました。よく、プライベートでも仲のいい樋口幸平と前田拳太郎と日向亘と「将来一緒にバンドを組みたいね」という妄想トークをするんです。ポジションは、僕を含めみんな一番目立つボーカル狙いで（笑）。でも今日学んだ技術を生かして、ギター＆ボーカルもいいかも。弾きながら歌って、曲中にサラッとアルペジオを取り入れられたりしたら、絶対にカッコいいですよね！

27 RULE
20
KEITO TSUNA

THEME：サンドキャンドル作り

# 大人の男は…土台をしっかり固めておくべし！

1. まず手に取ったのは黒の砂。この時点では「出来上がりの想像ができない」と不安そう

どうやって作るんだ…？

2.「せっかくだし何かオリジナリティを出したい！」と砂の量や位置を調整しながら、模様作りに励む綱君

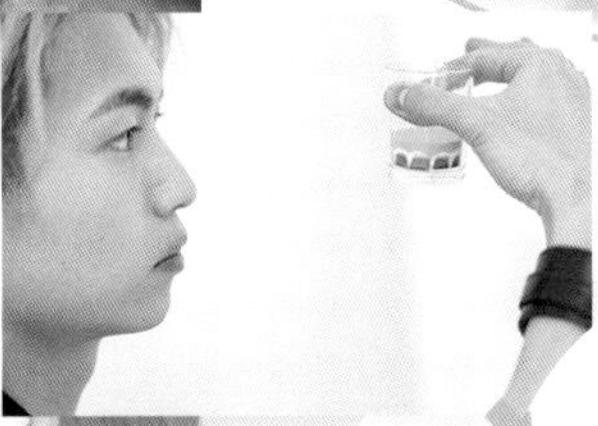

3.時々引きで見て全体のバランスをチェック。こだわりのギザギザ模様もばっちりです

4.「メルヘンな色になっちゃった(笑)。最後は黒で締めよ～」と進めていきますが…

5.黒を使い切っていたことに気づき「失敗したかも…」とぼつり。しかし、すぐに軌道修正

6.無事に完成し、ほっとひと息。撮影後はこぼれた砂を拾って片付ける律儀な綱君でした

サンドキャンドルは作るのはもちろん、見るのも初めてで全ての作業が新鮮でした。30色ほどある砂の色の中から、好きな色を自由に選んで容器に敷き詰めていって。Ｖｏｌ.15の垂らしこみアートのときも使った青や黄色、ピンクなどのほかに、もともと好きだった黒や白を思うままに入れていきました。全体のバランスを考えるというよりも、直感で作っていったのですが、やっぱり僕はこういう色が好きなんだな～とあらためて知ることができた気がします。作る上でのポイントは、土台を黒でシックにまとめたところ。本当は上も黒でまとめて統一感を出したかったんですが、無難な黄色で終わってしまったのが唯一の反省点です（笑）。あと、途中で赤と青を半分ずつ使うという僕流の小技も使っています。よく見ないと分からない上に、角度によっては全く見えませんが…（笑）。それまでは砂を下にシュッと引っ張って線のように見せる技しか持っていなかったので。僕なりにやり方を考えて、アクセントをつけてみました！　この作品にタイトルをつけるなら「レインボーキャンドル～黄金の冠を添えて～」。一番上の黄色い部分が王冠に見えたのですが、黄色ではなく“黄金”とすることでより輝いている感じが出せたらなと（笑）。仕上がりの満足度は、50点満点中27点。低いですよね（笑）。上の部分を黒でまとめられなかったところが一番の減点理由です…。

サンドキャンドルは、土台をしっかり作らないと中心のキャンドルの芯がグラグラしてしまうのですが、それはどこか人とも通ずる部分がありますよね。仕事や勉強など何をするにしても、基礎を固めないとアレンジも加えられないし、応用も効かせられないと思うんです。僕自身も、まだまだ俳優人生における土台を作っている最中。何事も楽しむことを大切に、将来より良いお芝居ができるように一生懸命頑張っているところです。演技もそうですが、この連載もいい意味で力を抜いて毎回楽しみながらできていて、間違いなく土台の一部になっていると思います。次はどんな企画に挑戦できるのか、今からワクワクです！

27 RULE … 21
KEITO TSUNA

THEME：浴衣の着付け

# 大人の男は…
# 着付けができるようになるべし！

浴衣はお仕事やプライベートで何度か着たことがあるのですが、自分で着付けをしたのは今回が初めてでした。ほとんどスタイリストさんが手伝ってくださったので、写真ではあっさり終わったように見えるかもしれませんが（笑）、実は細かいコツや技術が必要で。思っていたよりも難しかったです。特に驚いたのは帯の結び方。これまでは歩いてもほどけない程度にぐるぐる巻けば大丈夫だろうと安易に考えていたんです。でも、一から自分でやってみたことで随所に着崩れを防ぐための工夫がされていることが分かって。プロの技を間近で見させていただいて、とても勉強になりました。浴衣だけでなく着物もそうですが、普段着る機会がなく、誰もが簡単に着られるわけではないからこそ、いざ着るときに一人でサッと着られたら大人な感じがしますよね。浴衣や着物は日本ならではの文化でもありますし、いち日本人としても少し誇りが持てるような気がします。ちなみに今回はボルドー系の浴衣を選んでみましたが、どうでしょうか？　自分に似合う色が分からなくてスタッフさんにアドバイスを求めたら、この色を薦めてくださったので思い切って着てみました。浴衣を着ると夏らしさも味わえるし、顔つきもシュッとしてカッコよく見える気がします。久しぶりに夏祭りに行きたくなりました！

1. まずは浴衣を羽織って、背中心がずれないように注意しながら腰ひもで仮止め

2. 真剣な上に、光がまぶしくつい険しい表情に（笑）。スタッフからツッコまれ「すいません！」と

3. 腰骨にかかるように帯の位置を調整。「この辺ですか？」と確認しながら慎重に

4. 帯の両端を持ち、ぐっと力強く締めてからひと結び。ここの結び方が難しかったそう

5. 最後は結び目をぐるりと後ろに回して完成！後ろ姿もばっちり決まってます♪

THEME：夏祭り

27 RULE … 22 KEITO TSUNA

# 大人の男は…時々童心に帰るべし！

前回自分で着付けた浴衣姿で、夏祭りをテーマに撮影しました。久しぶりにスーパーボールすくいや輪投げをすることができて、撮影を忘れて夢中になってしまうくらい本当に楽しかったです。まさに童心に帰った瞬間でした。輪投げは意外と難易度が高くて。スタッフさんのお手製の投げ輪で、一つひとつ大きさが違ったので感覚をつかむのが難しかったです。なかなか入らないのが悔しくて、自らリベンジをお願いしました（笑）。２回目は〝2〟と〝7〟を狙って投げたのですが、バッチリ決められてよかったです！

僕は昔からお祭りが好きで、学生時代は毎年地元のお祭りに行っていました。屋台もしっかり楽しむ派で、友達と一緒にいろんなお店をめぐっていましたね。特に好きなのは、焼きそばとチョコバナナです。お祭りに行ったらこの二品は必ず食べると決めていて、いつしか自分の中でルーティンのようになっていました。外で食べると、雰囲気も相まっていつも以上においしく感じるんですよね。

好きな人と行くお祭りデートにも憧れがあります。自分だけ浴衣を着るのは〝ちょっと気合が入りすぎかな…？〟と不安になるので、相手からリクエストがなければ普段どおりのラフな服装で。女の子も自分の好きなコーディネートでOKです。昼くらいから行くと今の時期は暑くてすぐにバテてしまいそうなので（笑）、集合は夕方くらいが理想。屋台でお互いの好きな食べ物を買ってから、落ち着いた場所に移動してゆっくり花火を見たいです。花火がクライマックスに差し掛かっていい雰囲気になってきたら、フィナーレでチューします！　そこに照れはありません。決めるときは決めますよ。僕は大人の男ですから！

スーパーボールすくい

1.序盤からスムーズにすくい上げていく綱君。小さいボールを6個連続でゲット！

2.重さのあるボールにも挑戦。ポイが少しずつ破れ始めるも、気にせず続行

取れた♪

3.ポイが完全に敗れるまですくい続け、最後は山盛りに！「思ったより取れた♪」とにっこり

輪投げ

4.「全部入れてみせます！」と気合十分な綱君。しかし惜しくも最後だけ外れてしまい…

くー!!

5.「めっちゃ悔しい！　ここで決められたらカッコよかったのにな～」と

6.気を取り直してもう一度。手持ちの輪が少なくなる中、「２と７だけは入れたい」と真剣

7.そして見事成功！「自分の番号だけは外したくなかったんで！」とドヤ顔を見せていました（笑）

27 RULE … 23 KEITO TSUNA

THEME：メンズメーク

# 大人の男は… 常に美しさを追求すべし！

**1.** まずは眉を整えるところから。しかし「ブラシってどう持つの…？」と戸惑う綱君

**2.** 続いてアイシャドウへ。ブラウン系のパレットの中から、数色使ってグラデーションに

**3.** 今回はアーティスティックなメークにするため、ラインストーンも用意。目の周りに慎重に置き…

**4.** きれいに付け終えると鏡越しにウインク♪「何かいい感じじゃない!?」とにっこり

**5.** 最後はリップ。唇の形に沿って少しずつ色を足していき、変化を楽しんでいるようでした

今回のメーク企画に挑戦した率直な感想は「意外と似合うじゃん！」でした（笑）。普段お仕事でしていただくメークはナチュラルなものが多いので、アイシャドウを目の際まで入れて濃いめに仕上げたり、ラインストーンを付けたりする中で、どんな仕上がりになるのかなと思っていたんです。でも撮影していただいた写真を見て、自分でも〝雰囲気あるかも〟と思えて。スタッフの皆さんにもたくさん褒めていただけたのでテンションが上がりました（笑）。僕が思う今回のメークのコンセプトは、ラインストーンが月のように輝いていたのと、セットや衣装のダークさを掛け合わせて〝月の支配者〟。もちろん満足度は270点です！　普段から美意識を持つように心掛けていて、特に肌には気をつかっています。とはいえお金をかけていろいろ試すというよりは、化粧水や乳液などの基本的なスキンケアを欠かさず、もしニキビが出来てしまったら皮膚科に行くくらい。色が白いと言ってもらえることも多いのですが、日焼け止めは時々塗る程度です。塗らなきゃと思っていても、つい忘れてしまって…（笑）。でも『ばらかもん』（フジテレビ系）の撮影で五島列島に行くときは、日差しが強かったのでさすがに塗っていました。それでも焼けてしまったんですが、あのメンバーの中だと白い方なんですよね。あと、メークをしたらしっかりオフすることも大事。拭き取りシートでサッと拭くだけだと肌に残っていることが多いので、落ち切ったと感じるまで丁寧に落とすようにしています。美しい男性の理想像はV（テテ）。肌もきれいでカッコよくておしゃれで、まさにお手本のような存在です。同性からの人気も高くて、憧れられる存在なのもすごいなと思います。僕も何歳になってもカッコよくいられるように、日々美しさを追求し続けていきたいです！

\ 27 RULE /

# 27ルール in 北海道！

一年間の連載で収まり切らなかった27個のルールの完成を目指して、綱君のリクエストで北海道へ！
大自然やグルメを満喫しながら、真の大人になるためのルールを探します。

やって来ました、北海道～！実は父親の出身地でもあるのですが、訪れるのは今回が初めてで。どんな経験ができるのか、今からとても楽しみです！　誰よりも楽しむ準備、できてます！

流 の 約束

1. 写真をたくさん撮る
2. たくさん話す
3. お土産を買う

超リアル持ち物リスト

- □充電器一式
- □歯ブラシ
- □化粧水など
- □ヘアオイル
- □洗顔
- □ピンセット（ひげ剃り？）
- □パジャマ
- □パンツ・靴下・インナーの替え
- □ヒートテック
- □台本
- □ノート
- □ペン
- □マスクの替え
- □その他いつもどおり

小樽 天狗山
OTARU TENGUYAMA

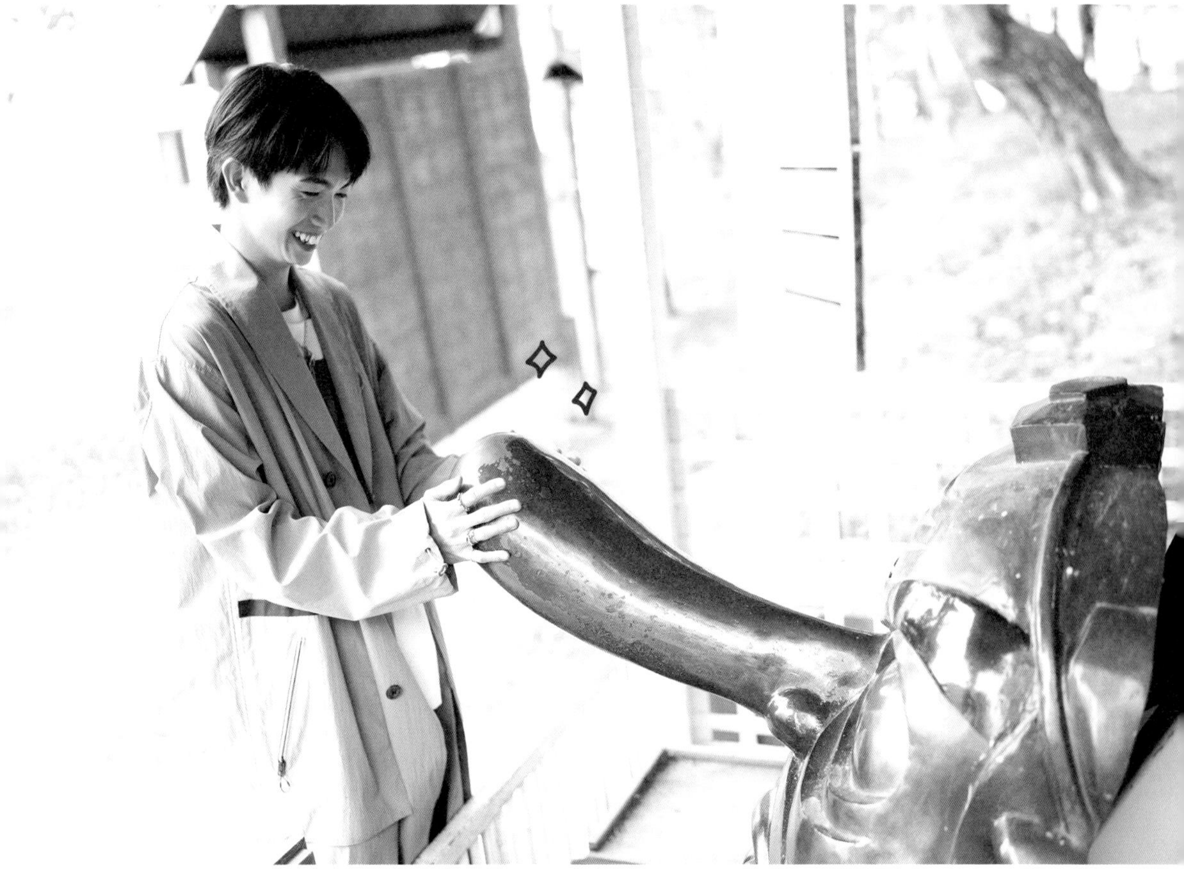

真剣…。

NO
PARKING

HOP! STEP!! JUMP!!!

YEAH!!!!!

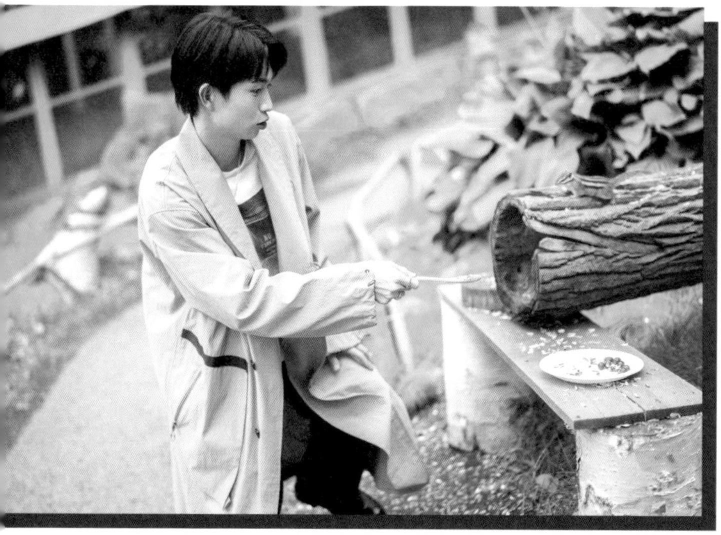

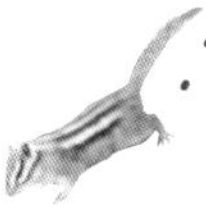

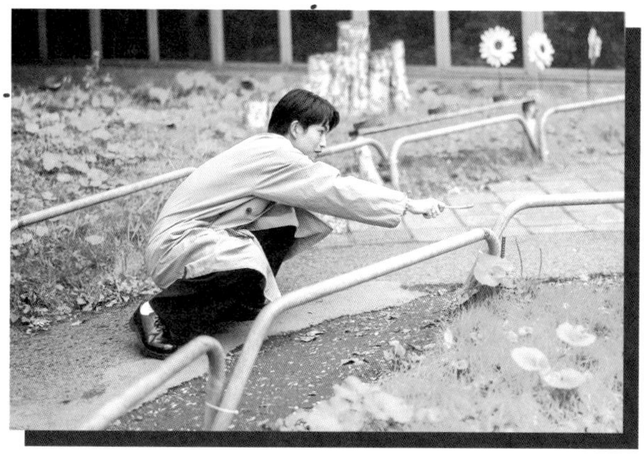

with squirrel...

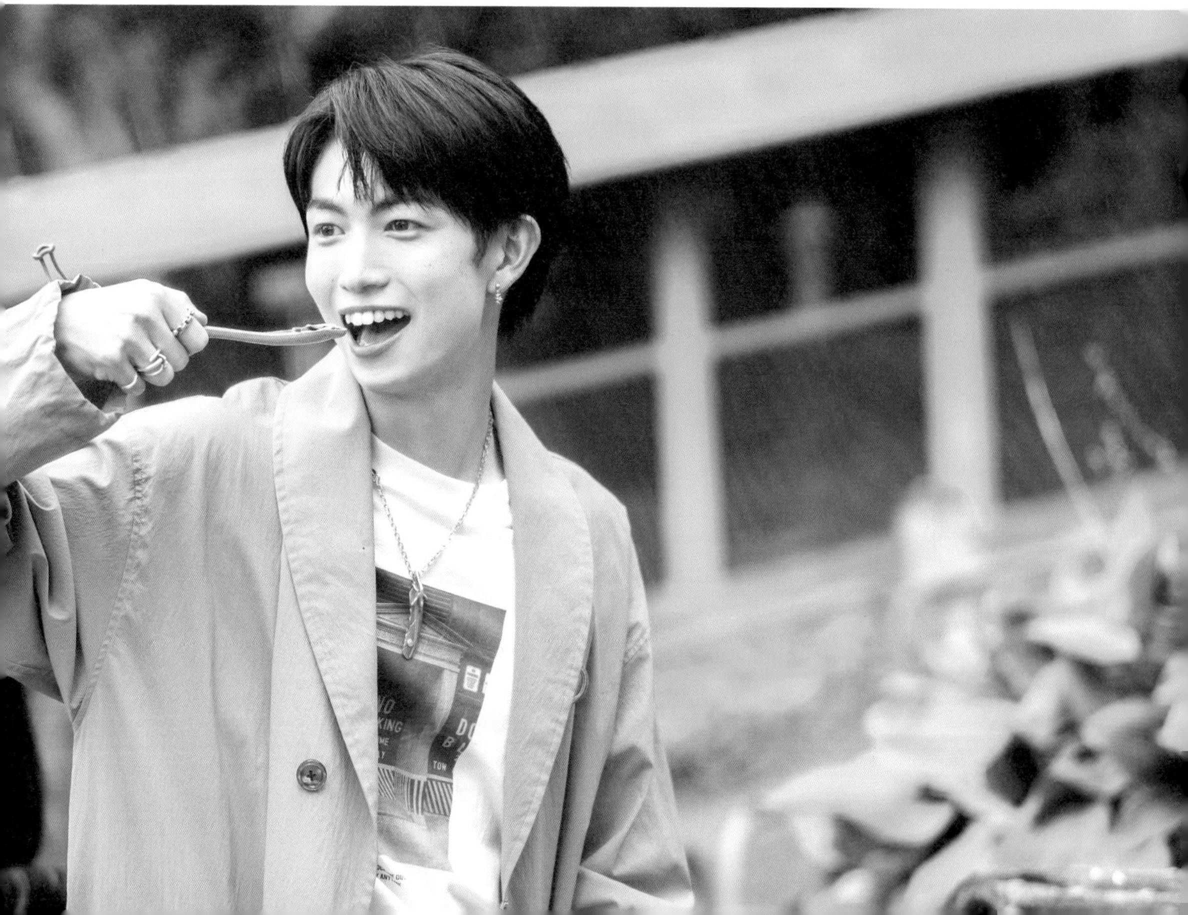

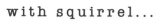

27 RULE … 24

KEITO TSUNA

# 大人の男は…
# マイナスイオンを浴びるべし！

　小樽に到着後、まずは天狗山に行きました。いろんな番組や作品のロケ地に選ばれているというだけあって、山頂から見る景色はとてもきれいでした。空気も少しひんやり感じるくらい澄んでいて、思わず深呼吸してしまうほど気持ちよかったです。普段なかなか自然に触れる機会がないので、体いっぱいマイナスイオンを浴びて、リフレッシュすることの大切さを感じました！

KEITO TSUNA

Go for a wal

# NIGHT VIEW

with Keito Tsuna

NIGHT
*VIEW*
with Keito Tsuna

@Hotel

@Hotel

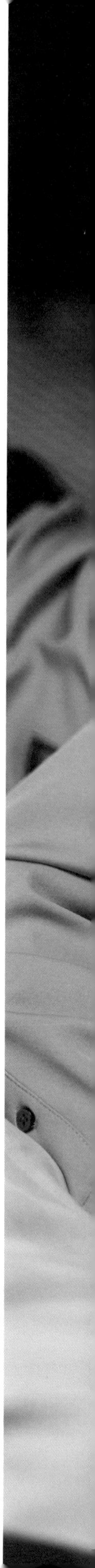

小樽駅横
三角市场
さんかく！
MORNING
MARKET

おいしそう…

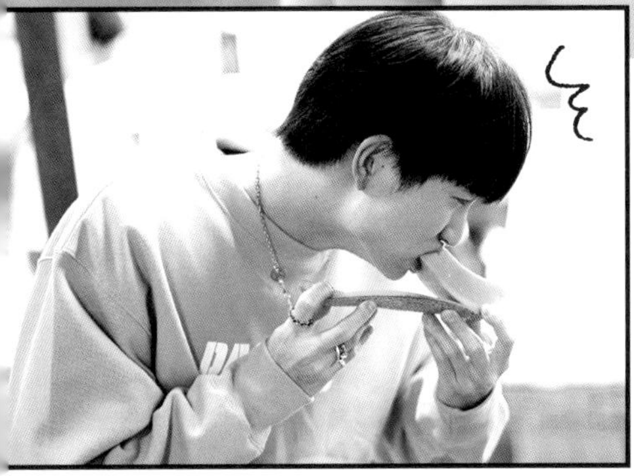

Fun!

神
Wow!
キキ

27 RULE

25

KEITO TSUNA

## 大人の男は…
## でっかいカニを持つべし!

生まれて初めてこんなに大きなカニを持ちました！　正直最初は「指挟まれたりしないかな？」「ケガしないかな？」とすごく怖くて…。恐る恐る持ってはみたものの、やっぱり怖かったです（笑）。でも持ったからこそ、大きさや重さ、トゲの鋭さを実感できて、何事も恐怖心に負けずにやってみることが大切なんだなとあらためて思いました。皆さんもぜひ一度持ってみることをお薦めします（笑）。

PACKERS

Excitin
PACKERS

PACKERS

Yummy

しあわせ…

緊張…。
PACKER

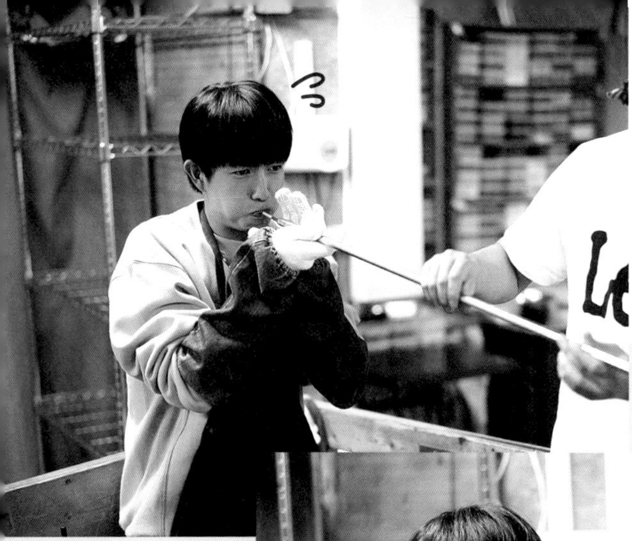


# TSUNA'S GLASS BLOWING CHALLENGE

よし！

完成！
COMPLETE
COMPLETE
COMPLETE

27 RULE

26

KEITO TSUNA

# 大人の男は…
# 動物を愛するべし！

こんなに近くで馬と触れ合ったのは初めてでしたが、短時間でも愛情をもって接すれば、目を見るだけで何を考えているのか分かるような気がしました。今日一緒にお散歩したソユーズ君は“こいつ俺のことビビってんのかな？”と気にしていたので、“そんなことないよ、かわいいよ～”と伝えて（笑）。最終的には仲良くなって、心も通じ合えたんじゃないかなと思います！　他にも園内にいたネコやお客さんの愛犬、天狗山ではリスとも触れ合う機会があって。動物たちのかわいさに癒やされながら、たくさんのパワーをもらえました！

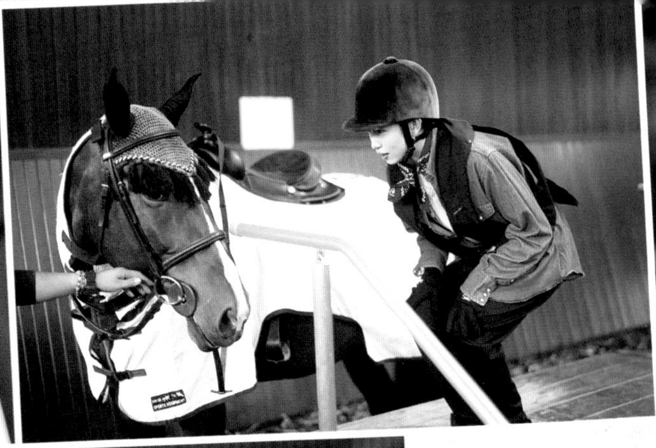

HKM
SPORTSEQUIPMENT

HORSE RIDING

Would you like to try
horseback riding with me?

Wrangler

archery

Shooting

START

GOAL!

soft cream

冷たい…!

夢の共演

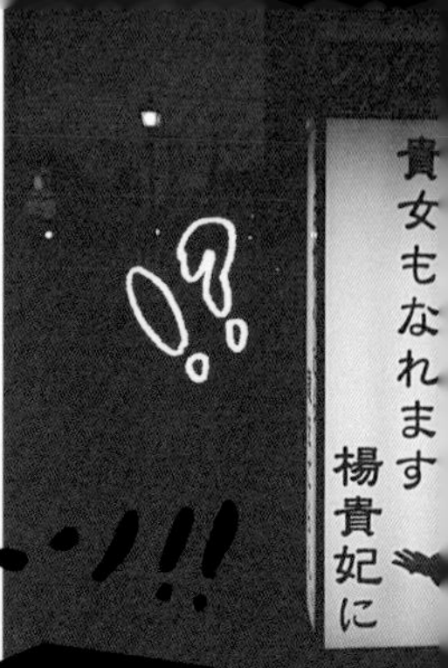

貴女もなれます
楊貴妃に

じゃ〜ん!!

# カメラ

今回旅のお約束として“写真をたくさん撮る”と言っていた綱君にインスタントカメラを託してみると…？自撮り多めで楽しそうな表情がたくさん撮れていました♪

開けっ放し注意!

館内冷房中につき
ドアを閉めてください
The air conditioning is on.
Please keep the door closed.

HAPPY

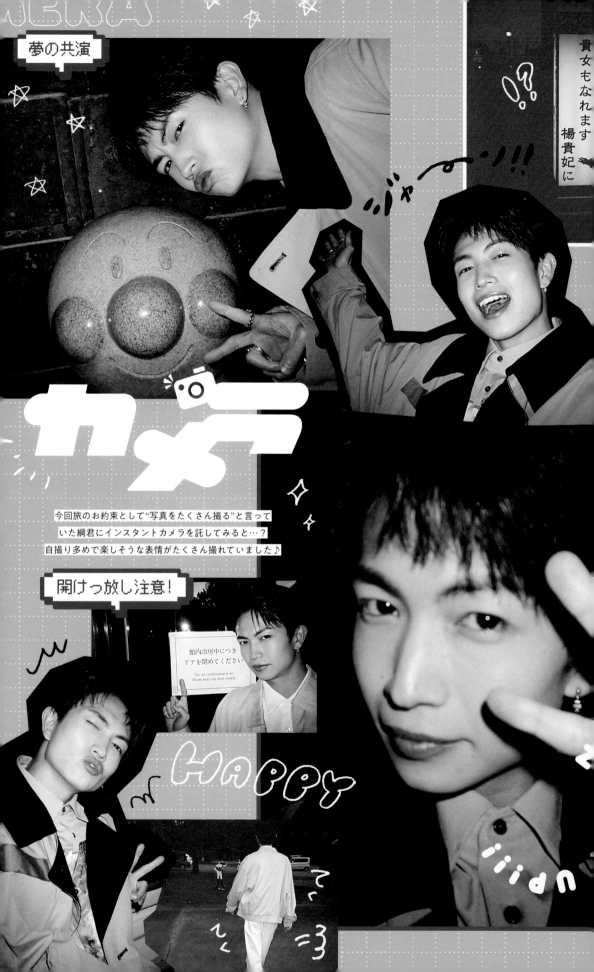

てくてく

整列
にこにこ
27
NORTHERN HORSE PARK
YEAH!
クルージング!
Enjoy!!

直筆！

# 旅の思い出絵日記

TSUNA

ホタテ〜
マグロ〜
素敵なスタッフさんたち〜

2歳ごろ

＼尊すぎる♥／

# 初出し プレミアムヒストリー

幼少期からジュノンボーイ応募当時までをプレーバック。ここでしか見られない超貴重写真は必見です！

1歳

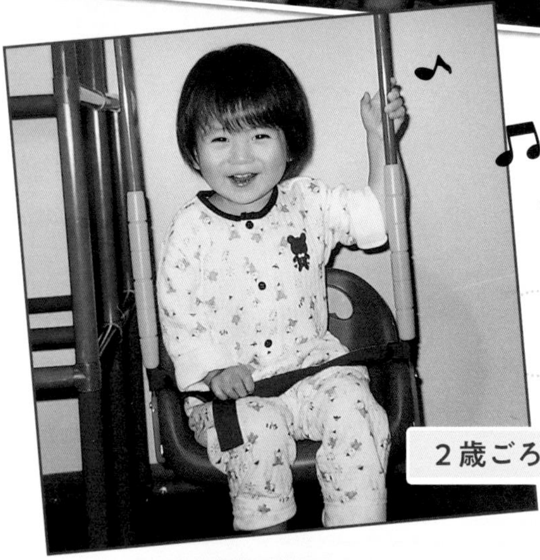

2歳ごろ

1歳半から2歳

2歳ごろ

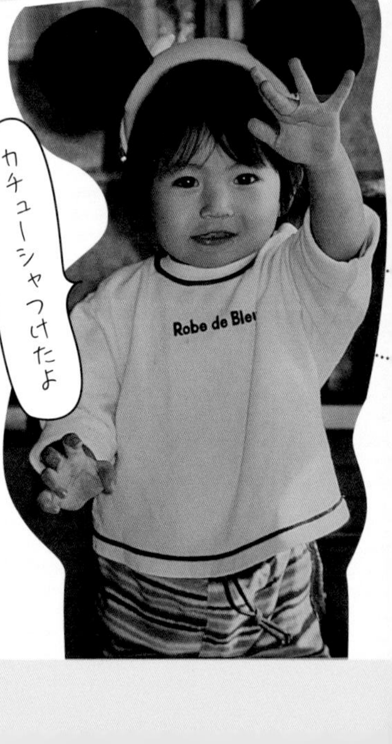
カチューシャつけたよ
Robe de Bleu

10歳

5歳

メリークリスマス！

7歳

8歳

お正月の書き初め!!

11歳

スノボ♪

11歳

9歳

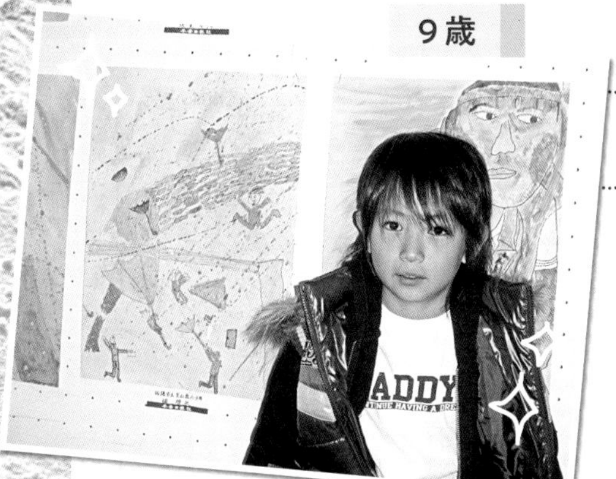

千葉県こども美術展入賞

17歳

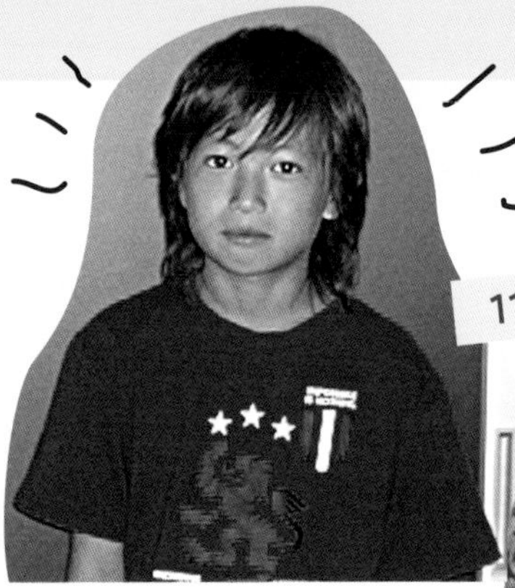

11歳

15歳

18歳

こんなに大きくなりました

24歳

15歳

## 気になる恋愛観が丸分かり!?

# 27分のラブトーク LOVE TALK

綱君の恋愛観を"27分"で徹底調査！
理想の彼女像からバラエティ番組の企画風のムチャ振りまで、
時間の許す限り答えてもらいました。

### LOVE TALK 01

## 理想のお話。

好きな女性のタイプは**しっかりしていて、優しくて、よく笑う人**。例えば"今好きな人を思い浮かべて"と言われたとして、その時に**思い浮かぶ顔が笑顔の人**がいいな。髪形はどちらかというと**ボブ派**。服装はその人に**似合っていれば何でもOK**です。あ、でもできれば足を出してほしい。腕も出ていたらうれしい（笑）。そう考えると**ノースリーブって最高**ですね。ニットとか**体のラインが出るような服**も好きです。女性ならではの色気を感じます。冬にデートをするなら、一緒に**イルミネーションを見に行きたい**です。前日からお泊まりして、昼くらいまでのんびり寝て、出前を頼んで一緒に食べて、またひと眠りして（笑）。起きたら僕が運転する車で渋谷の**青の洞窟に行きたい**です。イルミネーションを見終わったら、車はいったん置いて**大衆居酒屋**へ。**一緒に楽しく飲みながら、たあいのない話をしたい**です。**結婚にも憧れがあります**。式は海が見えるチャペルで。国内もいいけど、**理想はハワイ**！　披露宴は友達を100人くらい呼んで、和気あいあいとした雰囲気にしたいです。**余興は僕も参加して、歌を披露します**。選曲はflumpoolさんの「**君に届け**」、BoAさんの「**メリクリ**」、8LOOMの「**君の花になる**」で。どれも歌詞がとてもいいので、ぴったりだと思います！

### LOVE TALK 02

## 僕と付き合うとこんな特典があります。

### いろんなところに 連れて行ってあげる

行きたい場所があれば、いつでもどこでも車で連れて行きます。目的地の下調べも欠かしません。でもまずは免許をとるところから始めないと…（笑）。

### 何でも食べてあげる

僕は料理が苦手で作れないので、作ってもらいたい派なのですが、その分作ってもらったものは何でも食べます。もちろん感謝の言葉も忘れずに伝えます！

### たくさん褒めてあげる

かわいいと思ったらいつでも言いますし、新しい服やネイルに気づいたら「似合ってるね」と素直に言います。思ったことは即伝えたいんです。

### 愛情表現を欠かさない

毎日「好き」って伝えるし、ハグやチューもします。"私のことちゃんと好きなのかな？"って不安になってほしくないし、安心してほしいので！

### LOVE TALK 03

## 2択でQ♥

**Q1.** ひと目ぼれは…**する**orしない

（即答で）する！　実際にひと目ぼれをしたこともあります。男女問わず、第一印象で"この人と仲良くなりたい"とピンときたりする感覚に近いのかなって思います。

**Q2.** 告白は…**したい**orされたい

女性側からされるのもうれしいけど、できれば自分からしたいです！　きっとものすごく緊張すると思うけど、男としてビシッとカッコよく決めたいですね。

**Q3.** 連絡は…電話or**LINE**

LINE派。実は普段からあんまり電話が得意じゃなくて。声が聞ける良さがあるのは分かるんですが、LINEの方がうれしいですね。返事はできるだけ早く返します。

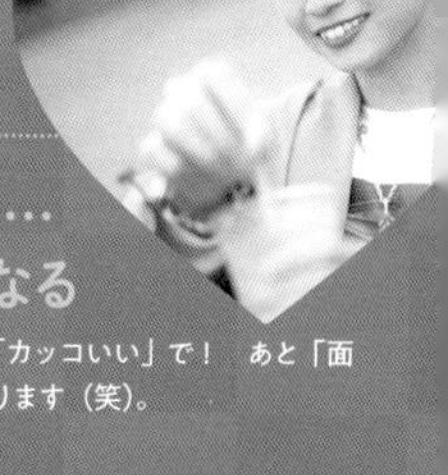

**Q4.** 嫉妬は…**する**orしない

嫉妬するし、焼きもちを焼きやすいタイプだと思います。もし他の男性と電話している姿を見たら、友達だとしてもモヤッとしますね。でも相手には言いません！

**Q5.** 言われてうれしいのは…**カッコいい**or頼りになる

うーん…。どっちもうれしいけど、やっぱりシンプルに「カッコいい」で！　あと「面白い」「いい匂い」などと言われるとテンションが上がります（笑）。

### OVE TALK 04

## えて綱君！ んなとき うする？

デートの時、彼女がいつもの100倍増しでかわいかったら？

**わいい」って100回言う**

いいと思ったら素直に伝えます。いつもの100倍増しっ
相当ですよね？　きっと頑張って準備してくれたから
だと思うので伝わるように100回言います。

ート中何気なく他の女の子に視線を
ていたら、彼女が嫉妬…。

**あんまり比べるのはよくないけど、**
**〇の方がかわいいよ」**

「見てないよ」と返したとしたら、見た事実があるから女の子はモヤモヤすると思うん
、だからただ否定するんじゃなく、ちゃんと彼女の方がかわいいということを伝えます。

女と口喧嘩。怒って出て行ってしまった彼女を引き止める言葉は？

**全力で）ごめん!!」**

内に響き渡るくらいの声で実演して）このくらい大きい声で！　もちろん大きさが全て
ないし気持ちが一番大事ですけど、相手に伝わりやすいかなって。

白するときのひと言

**好きです！　付き合ってください。」**

くどい言い方はせず、ドストレートに！　何だかんだ、いろんなことを言おうと思って
も、緊張して言えなくなってしまう気がするんですよね（笑）。

知れば知るほど好きになる♥

KEITO TSUNA

# 綱啓永に50の質問

特技や座右の銘など、50の質問を通して綱君の“今”を徹底調査しました！

Q1. 朝起きて最初にすることは？

**暗算をしてアラームを止める！**

足し算を解かないと
音が止まらない設定になっているんです

Q2. 平均睡眠時間は？

時間

Q3. 美肌の秘訣は？

**サウナ！**

Q4. 特技は？

**歌**♪

Q5. 小さい頃の習い事は？

**塾、水泳、キックボクシング**

Q6. 人に自慢できることは？

友達の存在。

いいやつばかり！

Q7. 自分のイメージカラーは？

**BLUE 青**

Q8. 好きなお酒は？

**ビールにしておこうかな！**

…本当はないです。弱いので 😥😥😥

Q9. 毎日のルーティンは？

朝一で水を一杯飲む

Q10. LINEの返信は早い？遅い？

**結構遅い**

Q11. 今LINEの通知は何件溜まってる？

**6。** これは少ない方

Q12. よく使う絵文字を教えて！

✌ PEACE

Q13. 部屋はきれい？

**きれい！**

Q14. もし宝くじで一億円当たったらどうする？

母親の欲しい物を買って、自分の車を買って、
引っ越したら残りは貯金する！

Q15. 一発ギャグできる？

**できません（笑）**

Q16. 今一番手に入れたい能力は？

AbILIty

①空を飛ぶ力

②瞬間移動できる力

③透明人間になれる力

Q17. 寝相はいい？悪い？

**いい！**

Q18. 寝る時の服装は？

『ばらかもん』の撮影で五島列島に行ったときに
泊まったホテルの方からもらったTシャツと
ジェラートピケの短パン

Q19. 最近見た夢は？

**今日、夢の中でクイズしてました！**

Q20. 効き○○、何だったらできる？

効きバナナジュース！

Q21. 人生最後の晩餐に食べるなら？

**母親が作ったカレーライス**

Q22. 好きなキャラクターは？

『五等分の花嫁』の中野三玖

**Q23.** 遊園地に行ったら最初に何乗る？

ジェットコースター

**Q24.** 好きな味噌汁の具は？

豆腐、なめこ、あおさ

**Q25.** 好きなお菓子は？

堅あげポテト

**Q26.** 自分のくせは？

すぐに髪をかきあげちゃう

**Q27.** 今27問目。今の気持ちを！

え～もう半分も終わっちゃったんだ!?

**Q28.** もしアルバイトするなら？

居酒屋の店員

**Q29.** 千葉といえば？

俺の地元！

**Q30.** 学生時代の武勇伝ある？

友達と一緒に授業をサボったことが先生にバレてしまったとき、友達を置いて自分だけ逃げたこと(笑)。結局戻ってから僕もガッツリ怒られたんですけど…反省してます！

**Q31.** 人生最大の失敗は？

まゆ毛を細くしすぎたこと（笑）

（その時期は某有名音楽プロデューサーさんの名前で呼ばれていました）

**Q32.** タイムトラベルできるなら過去？ 未来？

過去！

未来は見たくない。

**Q33.** 無人島に1つだけ持って行けるとしたら？

愛犬のクララ

一緒に生き延びる！

**Q34.** 悩みは人に相談する派？ 自己解決派？

自己解決派。

恋愛だったらするかも

**Q35.** これだけは苦手というものは？

レーズン！

虫とお化けとも迷ったけど、それらを上回りました…

**Q36.** 好きなファッションのテイストは？

カジュアル

**Q37.** よく聴く音楽は？

Vaundy

**Q38.** 自分の“あるある”を一つ教えて！

ネイティブに話しちゃう。

アスレチックじゃなくてアスレティックって言ったり（笑）

**Q39.** 初めての現場に入るとき意識していることは？

大きい声であいさつをする！

**Q40.** 行列は何分並べる？

一人だったら10分。友達と一緒なら20分。

**Q41.** 今一番会いたい人は？

V（テテ）！

**Q42.** 女性になったら何をしてみたい？

女湯に入りたい

**Q43.** これがないと生きていけないというものは？

家族！

**Q44.** ご飯派？ 麺派？

ご飯

**Q45.** サウナはどのくらいで整う？

サウナ10分、水風呂1分を繰り返す

**Q46.** 今変身できますか？

やろうと思えばできます！

**Q47.** 次の仕事まで3時間空きができた！ どうする？

寝る

**Q48.** 自分を漢字一文字で表すと？

『温』

**Q49.** 秘密を一つ教えて！

ここだけですよ？ 実は体に“夏の大三角形”のようなホクロがあります。体のどこにあるかは秘密♥

**Q50.** 座右の銘は？

強いハートと努力と笑顔が夢つかむ！ by父

過去に綱君と共演した俳優陣とスタッフ、友人からサプライズコメントが到着！　貴重なエピソードや綱君への愛に溢れた言葉が盛りだくさんです♥

from…

高橋文哉

やっほー、高橋文哉です！　僕が知る啓永の魅力と
尊敬しているところはたくさんあります。
ドラマでボーイズグループの役をやったときのこと。
僕と啓永だけ歌とダンスが未経験で、
どんどん成長していく啓永にライバル心を
抱きながらも共に努力した時期がありました。
**そんなとき「一緒に頑張ろう！」と**
**声を掛けてくれたり、練習に誘ってくれたり、**
**本当に優しくて愛に溢れている人**だと感じ、
今でも尊敬しています。そして、プライベートで遊んだり
ご飯を食べに行ったとき、解散した後すぐに「またゆっくり！」
「ありがとな！」という連絡をくれるところ、すごく大好きです。
**どんな関係性でも相手を想いやる気持ちと**
**すごく大きな器を持った、気にしがちなかっこかわいい人です！**

from…

宮世琉弥

綱君はいつも笑顔で
周りを元気にできる人です！
以前たまたま別の撮影を
同じスタジオでしていたときに
綱君に会いに行ったら、
驚いた表情と一緒に
満面の笑みで迎えてくれて。
**隣りにいるとずっと**
**笑顔が絶えない**ですし、
こんなに面白い人と出会えて
良かったなと思います。
**面白いだけじゃなく**
**周りのことを常に考えて**
**動いていて尊敬できる方です。**

from…

八村倫太郎

**綱啓永ほど陽の雰囲気に溢れた人間を僕は知りません。**
**すっごい明るくて素直な人**です（笑）。
一見ちゃらんぽらんなリアクション芸人です（笑）。
でも啓永と出会えて周りを明るくすることが
自分を明るくすることを知りました。
本当に共演できて良かったし、出会えて良かった。
**最強の親友です。**普段こんなベタ褒めすることはないですね（笑）。
もう言ーわない（笑）。あー、ニヤけてるのが想像できる（笑）。
またすぐ遊ぼうな、これからもよろしくー！

from…

森愁斗

©Hidetoshi Narita

僕の中での最初の印象は、
結構おちゃらけキャラだったのですが、
**友達や僕の相談などを**
**真面目に聞いて意見を**
**言ってくれたりする**ので、
普段はあんな感じですが、
根はすごい真面目なんだなと思います。
僕はもともとネガティブな性格なのですが、
啓永の明るい性格やポジティブな考えに結構影響を受けて、
楽観的に物事を考えられるようになったと思います。
普段はふざけたり、4つも歳が上なのにいじり倒したりしますが、
それを受け止めてくれる**啓永の心の広さがすごく好きです。**
出会えて良かったなと思いますし、**これからも最高の友達、**
**仕事仲間なんだろうなと思います。**

今だに忘れられないのは
一緒にダンス練習をした際に撮った
動画を見て、「NOAのこの動き、どうやってするの？」と
聞いてくれたこと。
僕自身も知らずに出ていたくせだったので、
振りを覚えるのも大変なのに細部まで見て
研究している姿を見て、カッコいいなと思いました。
いつもイジりすぎてしまうほどイジってますが、
友達ではなく、**お兄ちゃんとして**
**頼りにしてるし、大好きです！**
いつもありがとう！（笑）

from…

NOA

from…

山下幸輝

啓永君初のパーソナルブック「27ルール」の発売おめでとうございます！
最近はお仕事で会える機会が多くてめちゃくちゃうれしいし、毎回のように
一緒にTikTokを撮ってくれます！　それがめちゃくちゃ楽しそうに踊ってくれたりしてくれるので、
たまに自分のTikTokを見返してるときに必ず啓永君のところで一旦見止まっちゃいます（笑）。
TGCの裏側ではランウェイ後は必ず袖に居てくれるし、
**とっても優しいお兄ちゃんというか同級生というか。**
**とにかく笑ったときに出る歯すらからも滲み出るあの優しさ**は
皆さんもとっくに知ってると思いますが、僕の大好きなところです！　LOVE！

繋がりのあるキャスト・スタッフが語る

# 綱啓永ってこんな人。”

from…

樋口幸平

お疲れ様です！　いつもお世話になってます!!　樋口幸平です。
僕は恐らくあなたと１番時間を過ごしている人物だと思っているのですが、気のせいでしょうか（笑）。
でもこんなにも一緒にいて**毎日笑顔が絶えず、笑い合える**のは気が合うとか
そういうのもあるかもしれないけど何よりも綱君の人柄がそうさせてると思います。
**この人と一緒にいたいとかこの人といると**
**明るくなるとかそういう人柄を持ってる素晴らしい人**
だなと つくづく思ってます。
**尊敬してるし、これからも１番近くで頑張っていきたい存在です。**　これからもよろしくな！

---

李代和人

from…

綱君は、**人を笑顔にする天才**です。
格好つけず、恥なんて微塵も感じさせずに
**人を笑顔にしていく姿は初めて**
**お会いしたときに衝撃を受けました。**
いまだに綱君の変顔を見て元気になってます。
綱君はまさに僕にとって**芸能界のお兄ちゃん第一号！　そして憧れです！**

---

from…

井上想良

啓永、パーソナルブック発売おめでとう！！
そんな啓永の、もしかしたら皆さんは知らない情報を持ってきました。
**すごい明るくていっつもニコニコの啓永ですが、** **実は人見知り**なんです。
最初は僕も、啓永はとても明るい気さくな印象だったけど、
それは全て**みんなを楽しませたい、**
**笑顔にしたいと思う啓永の努力であり優しさ**なんです。
ファンの方にもそんな啓永の優しさは伝わっていますよね。
今回はお祝いコメントなので、いつもはあまり褒めないですが、褒めておきます。
啓永おめでとう！！

---

from…

りゅうと

綱君とは、一緒にふざけたり、綱君がもぐもぐした食べ物を食べたり、
**先輩を感じさせない遠い親戚みたいな人**です。
お仕事で困った時に、時間作ってくれて、
**一緒にカラオケで教えてくれたときはうれしかったなぁ。**
（仕事そっちのけでほぼ歌しか歌ってない）でもそんな綱君が 4U で大好き！　やれんの？

from…

前田拳太郎

つなマルの皆さんこんにちは。綱の大親友の前田拳太郎です！
日頃から綱とは一緒に仲良いメンバーでご飯を食べたりサウナに行ったりしています。
**毎回、綱から誘いの連絡がきたとき、僕が次の日朝から**
**予定があると断っても**
**「ちょっとでもいいから会いたい」と返信が来る**ので、
僕たち付き合ってるんだっけ？　となります。
結局僕も会いに行ってしまうのですが（笑）。
綱のそういう**かわいい部分がとてもすてき**だなと思います。
皆さん、これからも綱啓永と愉快な仲間たちをよろしくお願いします！

LOVE

---

内面的な意味で
**仕事とプライベートでのギャップがある人**だと思います。
**プライベートでは基本的に**
**マイペースでのんびり屋さん。**
それでも**仕事となれば努力家で芯のある人という印象です。**
まだ仕事では一緒になったことがないのですが、ダンスボーカルグループをしていたときは
**私生活でも常に喉と食事には気をつけていたし、体力をつけるための運動をしていたのをよく見ていました。**
一緒に遊ぶときももう少しテキパキ動いてくれないかなぁ（笑）。

from…

日向亘

©Tatsuro Kimura

---

from…

一ノ瀬颯

© 神戸健太郎 /GINGER

初めましては、リュウソウジャーのオーディションでした！
**本人は人見知りだと言いますが、僕が話しかけたら快く接してくれたので、**
**すぐに仲良くなることができました。**
俳優という未知の仕事を始めるにあたってはさまざまな不安がありましたが、
**最初に啓永とお芝居ができたおかげで、**
**素晴らしいスタートを切ることが出来ました！**
本当にありがとう！
**このコメントのお話を頂く数分前に「ご飯行きたいね」という**
**話をちょうどしていたので、やっぱりソウルが繋がっているな、と（笑）。**
これからもよろしくね！

---

皆さんこんにちは。兵頭功海です。
啓永とはお互いデビューしたてのときから同じ年ですし、仲良くさせてもらっています。
今回、綱啓永はこんな人ということでまぁ、**皆さんがイメージしてるとおりのままだと思います（笑）。**
**友達が大好きで、常に友達といて、**
**本当に120％いいヤツです（笑）。**
いつ連絡しても友達といますし、遊ぼーって誘ってきてくれてもこの時間までは誰といるからそのあと行く！
とか、急にみんなで一緒遊ぼ！　とか、**とにかく自由ですね（笑）。**
そんなみんなのことが大好きな啓永だから、みんなに愛されているんだと思います。
この度はパーソナルブック発売おめでとうございます。「27ルール」のイベント呼んでくれるの待ってます～！

from…

兵頭功海

『騎士竜戦隊リュウソウジャー』
テレビ朝日プロデューサー **井上千尋**

綱君と『騎士竜戦隊リュウソウジャー』でご一緒したのは、
ちょうど彼が二十歳の誕生日を迎える頃のことでした。
オーディションに合格したキャストたちが準備を終えて、
撮影に入るのがまさにそのタイミングだったと記憶しています。
５年近く前のことを私がなぜ鮮明に覚えているのか？　…というのも、

**テレビ朝日から綱君の誕生日祝いに花を贈ったのですが、**
**むちゃくちゃ丁寧なお礼メールを頂いたからです。**

「もうすぐ撮影が始まりますが、本当に楽しみです。この約１年間の撮影をただこなすのではなく、一日一日意味のある、
内容の濃い時間を過ごしていきたいと思っています。役者としても、1人の人間としても成長出来るよう精進致します」

どうです！　この折り目正しくひたむきな姿勢と文章！
**私の中の綱啓永の印象はこの文章のままずっとブレることはないですし、ドラマなどで活躍する姿を見ていても、**
**このときの初心あればこそなんだよなあ**と、なんだか感慨深く見守っております。

『騎士竜戦隊リュウソウジャー』
東映プロデューサー **丸山真哉**

『リュウソウジャー』を卒業した後、刑事ドラマにゲストで出てもらったことがありまして、
こちらとしてはまあまあ良い役を頼んだつもりだったんですが、本人は周りに「大したことないチョイ役」と言っていたらしく、
でも実際放送を見た周りからは**「すごくいい役だったじゃん」**となりまして、
「綱君は実は台本が読めないのかな？」と不安になりました。
**最近の活躍ぶりを見ると、**
**その辺りはとっくに克服したんだろうなと信じています。**

『君の花になる』
プロデューサー **黎景怡**

**表裏がなく、たまに**
**心配になるくらい純粋な方**です！
そんな素直な綱さんだからこそ、周りの人たちを
常に惹き寄せていると感じています。
**いつも自然に人が周りに集まっていて、**
**それでいてみんな笑顔になっていることがとても印象的ですね。**
8LOOMの活動期間中、本当に皆さん仲がいいですが、
中でも特に森愁斗さんが綱さんのトリコになって、
とても慕っていて常にくっついていました(笑)。
**スタッフ含めて年齢関係なく、**
**みんなに愛される魅力があります。**
これからもどんどん活躍することが楽しみです！

Thank you!

Message to KEITO...

INTERVIEW

# KEITO roots《ルーツ》

俳優デビューから早や5年。自分には無縁だと思っていたという芸能界で、
今や目覚ましい活躍を見せる綱啓永のルーツを探るべく、
幼少期から現在、未来についてインタビュー。
そして、大人の男を目指す彼が27個目に掲げたルールとは…？

## 家では明るく、外では人見知りだった幼少期

幼い頃はとにかく人見知りをする子供でした。今でこそ友達と過ごすことが大好きな僕ですが、自分からみんなの輪の中に入っていけなくて。親から聞いた話では、みんなと一緒になってはしゃぐというより、地面に落ちている木の枝を集めたりしながら少し遠くから周りの様子を伺っていたみたいです（笑）。でも外で人見知りだった分、家では明るく元気いっぱいで。特に母の前では自分を解放して、よくふざけていました。母はどんなときでも僕の味方をしてくれる、優しくて愛に溢れた人。僕がいたずらをして父に怒られた後も、いつも慰めて寄り添ってくれていました。父は世界で一番僕を愛してくれている人。昔はよく怒られていたので怖い印象が強かったのですが、今思えばそれは僕のことを考えた上での厳しさだったんだなと気づいて。今も僕がこの仕事を全力で頑張っていることを誰よりも理解してくれていて「おまえが一番かっけぇよ！」「おまえが一番だよ！」ってちゃんと言葉で応援してくれるんです。座右の銘に父の言葉を掲げているのも、僕に大きな影響を与えてくれて日頃からリスペクトしているからこそ。なので今回、こうして父の故郷でもある北海道を訪れることができてすごくうれしかったです。

両親はすごく仲が良くて、僕と妹はそんな2人の姿を見て育ったので、家族愛は強い方なんじゃないかなと思います。妹とは昔から仲がいいですし、日頃深い話をしたりはしないけど、僕を応援してくれているのは伝わるので本当に感謝しています。いつか妹と2人で出掛けることが僕のひそかな夢です（笑）。

## 自己プロデュースを徹底しグランプリ受賞で夢の世界へ

芸能界入りのきっかけは、2017年の「第30回ジュノン・スーパーボーイ・コンテスト」でした。それまでは芸能界に対して手の届くことがない、まさに夢の世界だと思っていました。何かに例えるなら、ものすごく極端ですが総理大臣のような感じ。一つの職業としてカッコいいし憧れもあるけど、自分には全く現実味のない話というか。もともとテレビっ子でドラマや映画もよく見ていましたが、自分には縁がないだろうなと思い、将来の夢として考えることすらしていませんでした。そんなときに母の友人が応募を薦めてくれて、「チャンスがあるならやってみよう！」と一歩踏み出す決心をしました。当時も人見知りは完全には直っていませんでしたし、人前に立つのが好きだったわけではないのですが、中学でサッカー部に入ってから徐々に目立ちたがり屋になってきて（笑）、少しずつ心境に変化が出てきた時期でした。

とはいえオーディションでは自撮りをはじめ慣れないことも多く、友達や大勢の人から見られることに対する恥ずかしさもありました。でも、勝ち上がっていく中で〝受かりたい〟〝負けたくない〟という思いが強くなっていって。グランプリをとるためには自己プロデュースの力が必要だと学び、一からサックスを勉強したり、周りにどうアピールすべきかを自分なりに徹底的に考えました。最終的にコンテスト史上初の敗者復活によるグランプリに選んでいただけたときは、うれしさと驚きで涙があふれて、頭が真っ白になってこういうことなのか！と（笑）。選んでいただいたからには全力で頑張ろうと思いました。

## 戦隊時代に〝目力〟を学び俳優として一つの強みに

受賞後、初めて出演した作品は『文学処女』（'18年）です。人生初のドラマ、せりふ覚え、段取りなど一度にいろいろな初体験をすることになり、緊張が最高潮に達していたので、そのときの記憶はほとんどありません（笑）。唯一覚えているのが、過去イチ緊張した出来事だったということ。せりふはひと言くらいしかなかったんですが、初めてのことばかりでついていくのが精いっぱい。周りの皆さんの足を引っ張らないように一生懸命演じていたはずなのに、本番ではなぜか周りの方々が

INTERVIEW
# KEITO roots

僕を見て笑っていて…。なんで笑われているんだろう？　と思っていたら、終始相手の方の役名を間違えたままセりふを言い続けていたみたいだったんです（笑）。でも僕はその間違いに気づかないくらい緊張していたんですよね。今ではそこまで緊張することはなくなりましたし、現場の雰囲気の変化も感じとることができるようになったので、あの頃は初々しかったなと思います。当時はいろんな作品のオーディションを並行して受けてオーディションへの耐性はついていったものの、なかなか合格できずに「これから俳優としてやっていけるのかな…」と、漠然とした不安を抱えていました。そんな中、出演が決まったのが『騎士竜戦隊リュウソウジャー』（'19年）。実はリュウソウジャーの前に仮面ライダーのオーディションに落ちていたこともあり、なおさらここで絶対受からなきゃ後がないと意気込んでいました。レッド役を狙って、赤いパンツを履いて挑んだことをよく覚えています（笑）。結果、メルト／リュウソウブルー役を頂いたのですが、目標の一つだった戦隊作品への出演をかなえることができて感慨深い気持ちになりました。一年間同じ役と向き合うのも初めてでしたし、演技経験も浅かったので毎日が刺激的で。俳優としての基礎を、一から学ばせてもらいました。その中で特に印象に残っているのは、プロデューサーさんからの「目力をつけなさい」というアドバイス。当時は正直そこまで気が回っていなくて、演じることに精いっぱいで余裕がなかったんです。でも指摘されたことで自分では気づけなかった新たな発見にもなりましたし、その日から今まで目力を意識した芝居を心掛けています。そのかいもあって、最近はよく「目力が強い」と言われるようになって、自分の中の一つの強みになったような気がします。その後もいろいろな作品に出演させていただきましたが、舞台「タンブリング」（'21年）は一つのターニングポイントになりました。新体操部を舞台にしたスポ根青春コメディで、かなりハードで体力的にもキツかったですし、演じた役柄もそれまで演じたことのなかったかわいらしいタイプのキャラクターだったんです。普段の自分とはかけ離れていたので、演じる上での難しさをすごく感じました。時々心が折れそうになることもありましたが、大変な中でもモチベーションになっていたのは家族の笑顔。もちろん舞台も見に来てくれましたし、普段からドラマも見てくれていて。深夜の放送でもリアタイして「よかったよ」と言ってくれて、僕の活躍を心から喜んでくれるんです。大切な家族が僕の姿を見て笑顔になってくれると思うと、それを増やせるようにもっと頑張らなくてはと自分を奮い立たせました。演出の中屋敷法仁さんはドラマ『恋愛のすゝめ』の脚本も担当してくださっているんですが、過去の繋がりでまたご一緒できて、当時の恩返しができると思うと、あらためてあのとき頑張ってよかったなと思いました。

## 〝君花〟で着火剤を手に入れ
## 仕事との向き合い方に変化が

　転機になった作品としてもう1つ欠かせないのが、やはり『君の花になる』（'22年）です。「タンブリング」を終えた後もコンスタントにいろんな作品に出演させていただいてきましたが、同世代の俳優さんや仲間たちがどんどん活躍の場を広げてステップアップしていく中で「自分はこのままでいいのか？」という焦りが心のどこかにずっとありました。目の前の作品と必死に向き合ってもがいていた時期だったので、『君の花になる』のオーディションに合格したときは、ようやく着火剤を手に入れられたような感覚だったんです。このチャンスをものにしないと、ここからはもう落ちて行く一方だと覚悟を決めて臨みました。8LOOMのメンバーの中には、俳優だけでなく、アーティストなど幅広いジャンルで活躍している人もいて、自分にはない魅力を持った人たちばかりだったのでたくさんの刺激をもらいました。今まで

は目先のことしか見えていませんでしたが、この作品を通して大きく視野が開けた感覚がありました。最高の仲間たちと共に切磋琢磨していく中で「自分も、もう少し頑張ればもっと高みを目指せるんじゃないか」という意識が芽生え、仕事に対する向き合い方を変えてくれた作品でもあります。〝君花〟や8LOOMでの活動をきっかけに僕を知ってくださる方が増え、SNSなどでたくさん反響も頂いて。昔から応援してくださっているファンの方も含めて、皆さんの応援があるからこそ僕は活動できているんだなという感謝の気持ちはいつも忘れることはありません。

## どんな荒波もつなマルと一緒なら乗り越えられる

僕のファンネームである〝つなマル〟の由来は、丸=輪ということでファンの方々と繋がっているということと、綱（ツナ）→魚→船と連想していって、船は○○丸という名前が付くことが多いので、つなマルにしたんです。僕はその船の船長で、芸能界という大海にファンの皆さんと一緒に出航するという理由も含まれています。同じつなマルに乗っているクルー同士という意味では、ファンの皆さんの存在をひと言で表すなら〝仲間〟ですね。僕はこう見えて意外と繊細で気にしいなところがあるので、普段からあえて物事を重く捉えないようにしているんです。もし落ち込むことがあっても、「いつか成功するでしょ」というくらいのノリで、できるだけ前向きに考えるようにしています。でも、僕も人間ですし、どうしても自信がなくなりそうになるときもあって。そんなときにイベントでつなマルの顔を見たり、SNSでもらったコメントやストーリーのメンションを読んだりすると、元気があふれてくるんです。中には「綱君の姿を見ると頑張れます」「綱君が生きる希望です」とまで言ってくれる方もいて。そんなふうに思ってくれるつなマルたちを裏切ることは絶対にしたくないなと。つなマルの皆さんパワーって、皆さんが思っている以上に本当にすごくて、偉大なんです。みんなが応援してくれていると思うと、どんなにつらくても頑張れちゃうんですよね。僕の方こそつなマルの応援なしではやっていけないので、本当に感謝しています。あと、同じ船に乗っている仲間同士、常に近い存在でありたいという思いはあります。芸能人という職業柄、違う世界にいるように感じる人もいるかもしれないですが、僕的には全くそんなことはありません。たまたま僕がこの仕事をしていて、たまたま芸能人とファンという立場で出会っただけで、それ以外の部分は同じく人と人。僕が支えてもらっている分、逆にみんながつらいときは僕が支えてあげたいし、どんなときも一緒に笑ったり、喜んだりして思い出を作っていきたいです。時に大波にのまれそうになるかもしれませんが、つなマルがいれば大丈夫。僕はみんなと一緒なら何事も絶対に乗り越えていけると信じています。

## 夢は日本アカデミー賞今できることを着実に

早いもので俳優を始めてから5年がたちました。本当にあっという間で、たくさんの人たちに支えられながら密度の濃い日々を過ごすことができています。最近、理想の俳優像や将来について聞かれることが多いんですが、今の僕の夢は日本アカデミー賞を取ることです。日本にはたくさんの魅力的な俳優さんがいますが、受賞できるのはその中のほんのひと握り。だからこそみんなが目指す場所であり、夢として掲げる賞だと思います。今の僕にはまだまだ大きすぎる夢だというのは分かっています。でもこれほど大きな夢を持つことがなかった僕が、はっきりと口に出して言えるようになったのは一つの進歩だと思いますし、夢に向かって今できることを一歩一歩着実に進んでいきたいと思っています。

## 27ルールを胸に刻んで大人の男を目指し続けたい

本書のタイトルでもあり、約1年にわたって続けてきた僕の初連載「27ルール」では、大人の男を目指していろんなことに挑戦してきました。北海道ロケの合間に新しいルールを追加して、残る最後の1つ、27個目のルールは「幸せをつかむべし！」にします。もちろん今も十分幸せなんですが、僕はもっともっと幸せになりたいんです。人それぞれ幸せの価値観は違うので、僕自身もどこまでいったら満足できるのかまだ分かっていません。でもそれを追求する時間も楽しみたいし、「幸せだ〜！」と胸を張って言える日々を過ごしたいなと思っています。そして何より、家族や友達、つなマルの幸せは僕の幸せでもあるので、みんなにも飛び切り幸せになってほしいなという思いも込めて、最後はこのルールで締めくくることにしました。これで27ルールは完成しましたが、最終的に〝大人の男〟になれたのか？というと…、正直なれませんでした！本当は「なれました」と言うべきなんですが、ここは素直に（笑）。まだ大人になり切れていない部分もありますし、道の途中ということで。でも、初回のインタビューで理想の大人像として挙げていた〝遊び心を忘れない人〟には近づけたんじゃないかなと思います。僕の周りの友達は何事も楽しめる人ばかりなので、僕もいつまでも童心を忘れずにいたいんです。これからも27ルールを胸に刻んで、仕事もプライベートも楽しみながら、大人の男を目指し続けたいと思います。

# 27 RULE

## 衣装協力

Iroquois
NFL
tk.TAKEO KIKUCHI
Wizzard
原宿シカゴ竹下店

## STAFF LIST

**Photo** 干川 修
**Styling** 三宅 剛
**Hair&make** 牧野裕大（vierge）、富樫明日香（CONTINUE）
**Design** ma-hgra
**Text** 矢島百花
**Management** 往陸正樹
（株式会社ワタナベエンターテインメント）

## 撮影協力

**P28-35** **小樽天狗山ロープウエイ**
〒 047-0023　北海道小樽市最上 2 丁目 16-15

**P36-37** **小樽堺町通り商店街**
〒 047-0027 北海道小樽市堺町 6-11

**P38-45** **小樽運河クルーズ**
〒 047-0007 北海道小樽市港町 5-4

**P46-53** **エーヴランド ホテル&ゴルフクラブ**
〒 046-0002 北海道余市郡余市町登町 2361-1

**P54-59** **小樽三角市場　味処たけだ**
**網岸水産**
〒 047-0032 北海道小樽市稲穂 3 丁目 10-16

**P60-63** **体験工房小樽イルポンテ**
〒 047-0031 北海道小樽市色内 2 丁目 1-19

**P64-73、88-95**
**ノーザンホースパーク**
〒 059-1361 北海道苫小牧市美沢 114-7


# 27ルール

2023 年 12 月 11 日　第 1 刷発行

発行人　松井謙介
編集人　笠置有希子
発行所　株式会社　ワン・パブリッシング
〒 110-0005　東京都台東区上野 3-24-6

印刷所　大日本印刷株式会社
製本所　株式会社若林製本所

●この本に関する各種お問い合わせ先
内容等のお問い合わせは、下記サイトの
お問い合わせフォームよりお願いします。
https://one-publishing.co.jp/contact/

不良品（落丁、乱丁）については、Tel 0570-092555
業務センター　〒 354-0045　埼玉県入間郡三芳町上富 279-1

在庫・注文については書店専用受注センター　Tel 0570-000346





ワン・パブリッシングの書籍・雑誌についての
新刊情報・詳細情報は、下記をご覧ください。
https://one-publishing.co.jp/


KEITO
TSUN
PERSON
BOOK